나는 그림책을 좋아하며
문장을 바르게 쓰는

_____ 입니다.

지음 김여진

'좋아서 하는 그림책 연구회' 운영진으로 매달 그림책 애호가들과 깊이 교류하고 있습니다.
블로그 〈초록연필의 서재〉를 정성 들여 가꾸며, 초등학교에서 아이들을 가르치고 있습니다.
《재잘재잘 그림 책 읽는 시간》과 《좋아서 읽습니다, 그림책》을 썼고, 《독자 기르는 법》,
《엄청나게 커다란 소원》, 《집안에 무슨 일이?》, 《나는 ( ) 사람이에요》, 《선생님을 만나서》,
《돌을 다듬는 마음》, 《나의 아기 오리에게》, 《모래 알갱이의 소원》 등을 번역했습니다.
창작이 일상을 지탱하는 힘이라고 믿으며 삽니다.
인스타그램 @zorba_the_green

그림 김씨씨

일상 속 귀엽고 사랑스러운 순간을 담은 그림을 그립니다.
책, 패키지 등 다양한 분야에서 그림 작업을 하고 있습니다.
인스타그램 @kim_c_c

◆ 매일 10분 또박또박 따라 쓰며 어휘력 쑥쑥 ◆

그림책 한 문장 따라 쓰기 100

김여진 지음

SIGONGJUNIOR

머리말

교실에 첫발을 디딘 지 벌써 18년이 되었습니다. 교사이자 어린이 책 번역가로 사는 건 어쩌면 축복이라는 생각이 듭니다. 교실 전체를 살펴야 할 때는 교사로서 광각 렌즈를, 아이들의 말과 글을 섬세히 포착해야 할 때는 번역가로서 현미경을 지닌 기분이거든요. 아이들과 분명히 우리말로 소통하는데도 번역기가 필요하다고 느낄 때가 많았어요. 어깨를 축 늘어뜨리고 어두운 표정으로 앉아 있는 아이에게 다가가 왜 그러냐고 물으면 곧잘 이런 대답이 돌아옵니다.

"그냥 기분이 안 좋아요."

아이는 친구에게 오해를 받아 억울하고, 중요한 시험을 앞두고 초조하고, 싫어하는 별명으로 불린 것이 불쾌한 거예요. 하지만 그것을 말과 글로 표현하는 일을 어려워합니다. 어른들에게도 쉽지 않은 일이지요.

자신이 현재 느끼는 감정과 생각을 표현하는 건 요리를 하는 것과도 같아요. 소박하건 화려하건 맛있는 요리를 하려면 신선하고 풍부한 식재료가 있어야 하죠. 아이들이 두터운 '어휘력'을 지니게 하는 일은 마음껏 실험하고 손질할 수 있는 식재료를 주는 일입니다.

어린이들에게 꼭 필요한 소중한 가치, 다양성과 존중, 배려와 창의성, 모험심을 골고루 담은 100권의 그림책을 정성스레 골랐습니다. 한글을 조금씩

익혀 나가거나 재미를 붙이고 있는 어린이들이 그림책 감상에서 한발 더 나아가 그림책 속에 보석처럼 박혀 있는 어휘들을 배울 수 있도록이요.

한 권의 그림책에서 한 개의 어휘를 배웁니다. 행동을 나타내는 말(동사), 상태를 나타내는 말(형용사), 다른 말을 꾸미는 말(부사)과 소리나 모습을 흉내 내는 말(의성어, 의태어)을 골고루 접할 수 있게 엄선했습니다. 그림책 속 아름다운 문장을 따라 쓰며 초등학생이 꼭 알아야 할 필수 어휘를 자연스레 익히는 귀중한 경험을 할 거예요. 처음엔 정확한 발음을 들으며 소리 내어 읽은 다음, 문장을 바르게 따라 쓰고, 마지막으로 해당 낱말을 넣어 나만의 문장을 만들어 봅니다. 각 장이 끝나면 배운 어휘로 재미있는 활동을 즐기며 다시 한 번 복습할 수 있도록 구성했습니다.

책에 실린 순서대로 읽고 쓰지 않아도 좋아요. 빨리 끝내려고 애쓰지 않아도 좋아요. 숲을 거닐 듯, 끌리는 그림책 제목이 있다면 먼저 읽어 보세요. 매일 반짝이는 한 문장을 소리 내어 읽고 내 호흡대로 또박또박 예쁜 글씨로 따라 쓰며 마음 근육, 어휘 근육이 단단해지는 걸 느껴 보세요.

김여진 (서울상신초등학교 교사, 좋아서 하는 그림책 연구회 운영진)

이 책의 활용법

① 하루에 한 단어, 한 권에 한 문장
먼저 그림책 속 낱말과 문장을 따라 읽고 낱말의 뜻을 살펴보세요. 장마다 쉬운 낱말부터 어려운 낱말까지 단계적으로 익힐 수 있어요.

② 다양한 예문으로 어휘력을 길러요.
낱말이 들어간 여러 예시 문장을 읽어 보세요. 문장 속에서 낱말이 어떻게 쓰이는지 알아야 어휘력이 높아져요.

③ 문장을 읽고 바른 글씨로 따라 써요.
낱말의 뜻을 생각하며 문장을 소리 내어 읽고, 칸에 맞추어 바른 글씨로 따라 쓰세요. 여러 번 쓰면서 글씨 연습을 해도 좋아요.

④ 나만의 문장을 만들며 응용력을 높여요.
낱말을 사용해 직접 문장을 만들어요. 글쓰기의 기초인 문장력을 탄탄하게 다져 보세요.

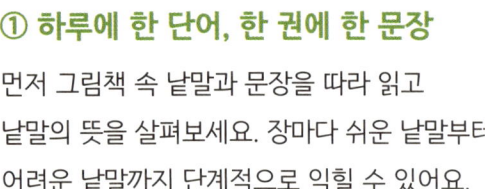 그림책 100 문장 음원 듣기

- QR 코드를 스캔하여 음원을 듣고 따라 말해 보세요. 발음을 익히거나, 받아쓰기 연습을 할 수 있어요.

- 공부한 날짜를 적어 학습 일정을 계획해 보세요.

- 문장 부호, 띄어쓰기, 맞춤법 등 올바른 원고지 작성법을 익혀요.

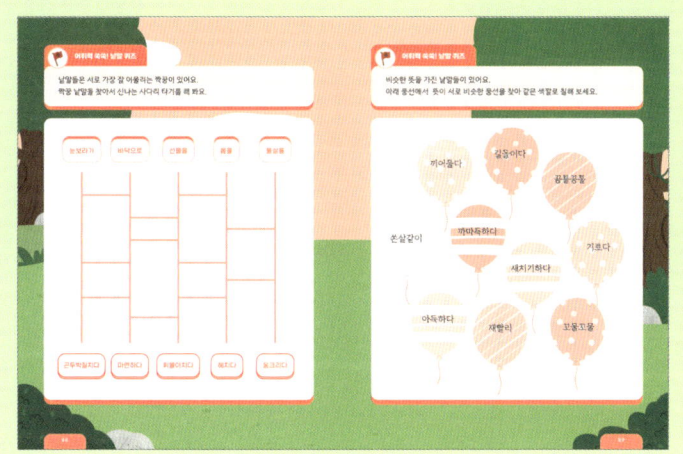

⑤ 낱말 퀴즈로 재미있게 복습해요.
장이 끝날 때마다 배운 낱말을 다시 한 번 확인할 수 있도록 다양한 학습 활동을 담았어요.

⑥ 나만의 한 문장 쓰기 노트로 독서 기록까지
책에 실리지 않은 그림책에서 좋아하는 문장을 발견했다면 나만의 한 문장 쓰기 노트를 활용해 보세요. 부담 없이 독서를 기록하고 어휘력을 기를 수 있어요.

안녕! 난 다롱이야.
우리와 함께 이 책을
구석구석 탐험해 보지 않을래?

반가워! 나는 토리야.

차례

머리말 4
이 책의 활용법 6

📙 1 마음을 나눠요

001 심심하다 12
002 사이좋다 13
003 섭섭하다 14
004 상냥하다 15
005 쓸쓸하다 16
006 좋아하다 17
007 껴안다 18
008 바라보다 19
009 친절하다 20
010 나란히 21
011 알아보다 22
012 보살피다 23
013 달래다 24
014 정들다 25
015 눈치채다 26
016 비웃다 27
017 힘겹다 28
018 어리둥절하다 29
019 유쾌하다 30
020 쑥스럽다 31
021 근사하다 32
022 곰곰이 33
023 속살거리다 34
024 함빡 35
025 꿈꾸다 36
026 칭얼대다 37
어휘력 쑥쑥! 낱말 퀴즈 38

💧 2 날마다 자라요

027 모으다 42
028 마주치다 43
029 어마어마하다 44
030 겁먹다 45
031 고요하다 46
032 귀 기울이다 47
033 토닥이다 48
034 방해하다 49
035 해내다 50
036 저마다 51
037 물들다 52
038 아물다 53
039 털어놓다 54
040 거듭하다 55
041 횡설수설하다 56
042 도맡다 57
043 빼어나다 58
044 수줍다 59
어휘력 쑥쑥! 낱말 퀴즈 60

🚩 3 모험을 떠나요

045 달리다 64
046 신기하다 65
047 속상하다 66
048 빙글빙글 67
049 즐기다 68
050 영영 69
051 꼬물꼬물 70
052 몰래 71
053 특별하다 72
054 타박타박 73
055 끼어들다 74
056 아끼다 75
057 신경 쓰다 76

- 058 웅크리다 77
- 059 곤두박질치다 78
- 060 길들이다 79
- 061 마련하다 80
- 062 헤치다 81
- 063 휘몰아치다 82
- 064 쏜살같이 83
- 065 애쓰다 84
- 066 까마득하다 85
- 067 힘닿다 86
- 068 삼다 87
- 어휘력 쑥쑥! 낱말 퀴즈 88

4 지혜를 배워요

- 069 단단하다 92
- 070 슬금슬금 93
- 071 돌아보다 94
- 072 어슬렁거리다 95
- 073 깨우다 96
- 074 엉큼하다 97
- 075 나서다 98
- 076 궁금하다 99
- 077 가엾다 100

- 078 거닐다 101
- 079 엄두 102
- 080 메우다 103
- 어휘력 쑥쑥! 낱말 퀴즈 104

5 자연이 좋아요

- 081 살그머니 108
- 082 모여들다 109
- 083 소복소복 110
- 084 재잘거리다 111
- 085 돋아나다 112
- 086 합치다 113
- 087 새기다 114
- 088 틔우다 115
- 089 이루다 116
- 090 움트다 117
- 091 개다 118
- 092 이르다 119
- 어휘력 쑥쑥! 낱말 퀴즈 120

6 더불어 살아요

- 093 용감하다 124
- 094 둥둥 125

- 095 데려가다 126
- 096 허전하다 127
- 097 헐떡거리다 128
- 098 알아채다 129
- 099 한데 130
- 100 실례하다 131
- 어휘력 쑥쑥! 낱말 퀴즈 132

- 낱말 퀴즈 정답 134
- 그림책 목록 136
- 나만의 한 문장 쓰기 노트 138

마음을 나눠요

· 관계와 마음 ·

내 것인데 내 뜻대로 되지 않는 것, 바로 '마음'이지요. 내 마음을 가만히 들여다보고 그림책 속 문장을 따라 써 봐요. 내 마음을 살펴보았다면 나를 둘러싼 사람들을 볼 차례예요. 부모님과 형제자매, 할머니와 할아버지, 친구와 선생님, 이웃들을 떠올려 보세요. 이들과 건강하게 관계 맺는 법을 보여 주는 그림책을 만나 봐요.

001

심심하다

나 지금 진짜 심심해.

뜻 지루하고 재미가 없다.

공부한 날   월   일

음원 듣고 따라 말하기

어휘력 기르기   이럴 때 사용해요.

너무 심심한데, 나랑 같이 축구할래?

하루 종일 방에만 있으니 심심하다.

문장 읽고 따라 쓰기   낱말의 뜻을 생각하며 문장을 바르게 따라 써 봐요.

| 나 | | 지 | 금 | | 진 | 짜 | | 심 | 심 | 해 | . |

문장력 기르기   낱말을 사용해 나만의 문장을 만들어 봐요.

002 사이좋다

공부한 날   월   일

🎧 음원 듣고 따라 말하기

사이좋은 늑대 형제 다섯 마리가 점심때 뭘 먹을지 의논하고 있었어요.

뜻) 서로 친하다.

📖 **어휘력 기르기**   이럴 때 사용해요.

유리와 솔이는 **사이좋은** 친구이다.

우리 싸우지 말고 **사이좋게** 지내자.

✏️ **문장 읽고 따라 쓰기**   낱말의 뜻을 생각하며 문장을 바르게 따라 써 봐요.

사	이	좋	은		늑	대		형	제		다
섯		마	리	가		점	심	때		뭘	
먹	을	지		의	논	하	고		있	었	어
요	.										

💡 **문장력 기르기**   낱말을 사용해 나만의 문장을 만들어 봐요.

003

섭섭하다

공부한 날   월   일

🎧 음원 듣고 따라 말하기

할머니가 나를 몰라봐서 무척 섭섭한 마음이었지요.

뜻 서운하고 아쉽다.

📖 **어휘력 기르기** 이럴 때 사용해요.

내 마음을 몰라주다니 정말 섭섭해.

예진이는 섭섭한 마음을 감추려고 웃었다.

✏️ **문장 읽고 따라 쓰기** 낱말의 뜻을 생각하며 문장을 바르게 따라 써 봐요.

할	머	니	가		나	를		몰	라	봐	서	V
무	척		섭	섭	한		마	음	이	었	지	
요	.											

💡 **문장력 기르기** 낱말을 사용해 나만의 문장을 만들어 봐요.

004 상냥하다

공부한 날   월   일

🎧 음원 듣고 따라 말하기

말라드 씨는 상냥하게 꽥꽥거렸습니다.

뜻) 예의가 바르고 다정하고 친절하다.

📖 **어휘력 기르기** 이럴 때 사용해요.

떡볶이 가게 아저씨는 무척 상냥하셨어.

나도 상냥하게 말하는 법을 배워야겠다.

✏️ **문장 읽고 따라 쓰기** 낱말의 뜻을 생각하며 문장을 바르게 따라 써 봐요.

|말|라|드| |씨|는| |상|냥|하|게|
|꽥|꽥|거|렸|습|니|다|.| | | |

💡 **문장력 기르기** 낱말을 사용해 나만의 문장을 만들어 봐요.

005

쓸쓸하다

공부한 날   월   일

🎧 음원 듣고 따라 말하기

네가 없으니까 쓸쓸해.

뜻) 마음이 외롭고 슬프다.

📖 **어휘력 기르기** 이럴 때 사용해요.

텅 빈 교실은 무척 쓸쓸해 보였어.

할아버지가 돌아가시고 할머니는 아주 쓸쓸하셨을 거야.

✏️ **문장 읽고 따라 쓰기** 낱말의 뜻을 생각하며 문장을 바르게 따라 써 봐요.

| 네 | 가 | | 없 | 으 | 니 | 까 | | 쓸 | 쓸 | 해 | . |

💡 **문장력 기르기** 낱말을 사용해 나만의 문장을 만들어 봐요.

006

좋아하다

공부한 날   월   일

🎧 음원 듣고 따라 말하기

좋아할 만한 걸 주는 게 가장 좋은 선물이지.

뜻 마음에 들어 하다.

📖 **어휘력 기르기**   이럴 때 사용해요.

우리 강아지는 공놀이를 <u>좋아합니다</u>.

생일 선물로 공룡 인형을 주면 무척 <u>좋아하겠지</u>?

✏️ **문장 읽고 따라 쓰기**   낱말의 뜻을 생각하며 문장을 바르게 따라 써 봐요.

| 좋 | 아 | 할 | | 만 | 한 | | 걸 | | 주 | 는 |
| 게 | | 가 | 장 | | 좋 | 은 | | 선 | 물 | 이 | 지 | . |

💡 **문장력 기르기**   낱말을 사용해 나만의 문장을 만들어 봐요.

007

껴안다

할머니 돼지와 손녀 돼지는 서로 아침까지 꼬옥 **껴안고** 있었습니다.

뜻) 두 팔로 감싸서 품에 안다.

어휘력 기르기   이럴 때 사용해요.

이모는 나를 있는 힘껏 **껴안았다**.

힘들 땐 그냥 말없이 꼬옥 **껴안아** 줄게.

문장 읽고 따라 쓰기   낱말의 뜻을 생각하며 문장을 바르게 따라 써 봐요.

할	머	니		돼	지	와		손	녀		돼
지	는		서	로		아	침	까	지		꼬
옥		껴	안	고		있	었	습	니	다	.

문장력 기르기   낱말을 사용해 나만의 문장을 만들어 봐요.

008

바라보다

우리는 서로의 눈을 바라보았어요.

뜻 무엇을 바로 향하여 보다.

어휘력 기르기   이럴 때 사용해요.

엄마는 고개를 들어 보름달을 바라보았습니다.

두 손은 번쩍 들고 정면을 바라보세요.

문장 읽고 따라 쓰기   낱말의 뜻을 생각하며 문장을 바르게 따라 써 봐요.

우리는 서로의 눈을 바라보았어요.

문장력 기르기   낱말을 사용해 나만의 문장을 만들어 봐요.

009 친절하다

공부한 날   월   일

🎧 음원 듣고 따라 말하기

새로 온 학생은 영리하고 <u>친절했습니다</u>.

뜻) 남을 대하는 태도가 다정하다.

📖 **어휘력 기르기**   이럴 때 사용해요.

<u>친절한</u> 사람은 늘 인기가 많습니다.

학교에 온 손님에게 길을 <u>친절하게</u> 알려 주었다.

✏️ **문장 읽고 따라 쓰기**   낱말의 뜻을 생각하며 문장을 바르게 따라 써 봐요.

새로 온 학생은 영리하고 친절했습니다.

💡 **문장력 기르기**   낱말을 사용해 나만의 문장을 만들어 봐요.

010

나란히

🎧 음원 듣고 따라 말하기

공부한 날   월   일

열두 여자아이가 두 줄 나란히 살고 있었습니다.

뜻 여럿이 줄지어 있는 모양이 가지런하게.

📖 **어휘력 기르기** 이럴 때 사용해요.

아이 다섯이 나란히 앉아 있어요.

혜주는 인형들을 나란히 늘어놓았다.

✏️ **문장 읽고 따라 쓰기** 낱말의 뜻을 생각하며 문장을 바르게 따라 써 봐요.

열	두		여	자	아	이	가		두		줄	V
나	란	히		살	고		있	었	습	니	다	.

💡 **문장력 기르기** 낱말을 사용해 나만의 문장을 만들어 봐요.

011

알아보다

공부한 날   월   일

🎧 음원 듣고 따라 말하기

앤디와 사자는 서로를 알아보고 너무나 기쁜 나머지 춤을 추기 시작했습니다.

뜻) 잊지 않고 기억하다.

📖 **어휘력 기르기**   이럴 때 사용해요.

선생님, 저를 알아보시겠어요?

진돗개는 자기 주인을 알아보지 못했다.

✏️ **문장 읽고 따라 쓰기**   낱말의 뜻을 생각하며 문장을 바르게 따라 써 봐요.

앤	디	와		사	자	는		서	로	를
알	아	보	고		너	무	나		기	쁜
나	머	지		춤	을		추	기		시	작
했	습	니	다	.						

💡 **문장력 기르기**   낱말을 사용해 나만의 문장을 만들어 봐요.

012

보살피다

공부한 날   월   일

🎧 음원 듣고 따라 말하기

내가 알들을 잘 보살필게요.

뜻) 정성을 기울여 돌보다.

📖 **어휘력 기르기**   이럴 때 사용해요.

민수는 강아지를 잘 보살폈어요.

삼촌은 어린 조카를 사랑으로 보살폈지.

✏️ **문장 읽고 따라 쓰기**   낱말의 뜻을 생각하며 문장을 바르게 따라 써 봐요.

내	가		알	들	을		잘		보	살	필
게	요	.									

💡 **문장력 기르기**   낱말을 사용해 나만의 문장을 만들어 봐요.

013

달래다

공부한 날   월   일

🎧 음원 듣고 따라 말하기

아이다는 멋진 나팔을 불면서 아기를 <u>달랬어</u>.

뜻 구슬리거나 타이르다.

📖 **어휘력 기르기**   이럴 때 사용해요.

슬퍼하는 친구를 <u>달래</u> 주었어.

아무리 <u>달래도</u> 아기는 울음을 그치지 않았다.

✏️ **문장 읽고 따라 쓰기**   낱말의 뜻을 생각하며 문장을 바르게 따라 써 봐요.

|아|이|다|는| |멋|진| |나|팔|을|
|불|면|서| |아|기|를| |달|랬|어|.|

💡 **문장력 기르기**   낱말을 사용해 나만의 문장을 만들어 봐요.

014

정들다

전에 쓰던 정든 물건들이 제 옆에 있다면 얼마나 좋을까요.

뜻 정이 생겨 친해지다.

어휘력 기르기 — 이럴 때 사용해요.

정든 학교와 헤어질 때가 되었구나.

눈물이 나는 걸 보니 나도 모르게 정들었나 봐.

문장 읽고 따라 쓰기 — 낱말의 뜻을 생각하며 문장을 바르게 따라 써 봐요.

전에 쓰던 정든 물건들이 제 옆에 있다면 얼마나 좋을까요.

문장력 기르기 — 낱말을 사용해 나만의 문장을 만들어 봐요.

015 눈치채다

공부한 날   월   일

🎧 음원 듣고 따라 말하기

엄마는 피터가 집 안에 들어와 있다는 것을 <u>눈치챘어</u>.

뜻 남이 모르는 사실을 알아차리다.

📖 **어휘력 기르기**   이럴 때 사용해요.

재훈이는 선생님이 <u>눈치채지</u> 못하게 교실로 들어왔어.

아빠는 엄마의 비밀을 <u>눈치채고</u> 있었다.

✏️ **문장 읽고 따라 쓰기**   낱말의 뜻을 생각하며 문장을 바르게 따라 써 봐요.

엄	마	는		피	터	가		집		안	에	V
들	어	와		있	다	는		것	을		눈	
치	챘	어	.									

💡 **문장력 기르기**   낱말을 사용해 나만의 문장을 만들어 봐요.

016

비웃다

오빠는 콧방귀를 뀌면서 비웃었어요.

뜻 흉을 보듯이 빈정거리는 태도로 웃다.

📖 어휘력 기르기 이럴 때 사용해요.

모두가 소년의 어리석은 행동을 비웃었습니다.

나는 짝꿍이 아무리 천천히 달려도 비웃고 싶지 않았다.

✏️ 문장 읽고 따라 쓰기 낱말의 뜻을 생각하며 문장을 바르게 따라 써 봐요.

오	빠	는		콧	방	귀	를		뀌	면	서
비	웃	었	어	요	.						

💡 문장력 기르기 낱말을 사용해 나만의 문장을 만들어 봐요.

017

힘겹다

그건 참 힘겨웠어.

뜻 견디기 어려울 만큼 힘이 필요하다.

📖 **어휘력 기르기** 이럴 때 사용해요.

무거운 배낭을 힘겹게 들고 있다.

병아리가 힘겹게 달걀을 깨고 나오려 합니다.

✏️ **문장 읽고 따라 쓰기** 낱말의 뜻을 생각하며 문장을 바르게 따라 써 봐요.

그	건		참		힘	겨	웠	어	.			

💡 **문장력 기르기** 낱말을 사용해 나만의 문장을 만들어 봐요.

018 어리둥절하다

공부한 날   월   일

음원 듣고 따라 말하기

냅과 윙클은 어리둥절해서 건초를 쳐다보았습니다.

뜻) 무슨 일인지 몰라서 얼떨떨하다.

어휘력 기르기   이럴 때 사용해요.

채빈이는 어리둥절한 표정을 짓고 있어요.

나는 사람들이 왜 웃는지 몰라 어리둥절하였다.

문장 읽고 따라 쓰기   낱말의 뜻을 생각하며 문장을 바르게 따라 써 봐요.

냅과 윙클은 어리둥절해서 건초를 쳐다보았습니다.

문장력 기르기   낱말을 사용해 나만의 문장을 만들어 봐요.

019 유쾌하다

토끼는 귀엽고 유쾌해.

뜻 즐겁고 기분이 좋다.

📖 어휘력 기르기 이럴 때 사용해요.

가족과 유쾌한 시간을 보냈다.

이번 생일 파티는 참 유쾌했다.

✏️ 문장 읽고 따라 쓰기 낱말의 뜻을 생각하며 문장을 바르게 따라 써 봐요.

토끼는 귀엽고 유쾌해.

💡 문장력 기르기 낱말을 사용해 나만의 문장을 만들어 봐요.

020

쑥스럽다

나는 조금 쑥스러웠다.

뜻 자연스럽지 못하고 멋쩍다.

어휘력 기르기 이럴 때 사용해요.

좋아한다고 말하려니 무척 쑥스러웠어.

처음 보는 사람에게 말을 거는 건 쑥스럽다.

문장 읽고 따라 쓰기 낱말의 뜻을 생각하며 문장을 바르게 따라 써 봐요.

나는 조금 쑥스러웠다.

문장력 기르기 낱말을 사용해 나만의 문장을 만들어 봐요.

021 근사하다

공부한 날   월   일

🎧 음원 듣고 따라 말하기

알도는 날 근사한 곳으로 데리고 가 줘.

뜻 아주 그럴듯하고 좋다.

📖 **어휘력 기르기** 이럴 때 사용해요.

분위기가 아주 근사한 식당이었어.

친구의 새 운동화가 근사해 보였다.

✏️ **문장 읽고 따라 쓰기** 낱말의 뜻을 생각하며 문장을 바르게 따라 써 봐요.

알	도	는		날		근	사	한		곳	으
로		데	리	고		가		줘	.		

💡 **문장력 기르기** 낱말을 사용해 나만의 문장을 만들어 봐요.

022

곰곰이

공부한 날   월   일

🎧 음원 듣고 따라 말하기

사자는 가만히 앉아서 곰곰이 생각했습니다.

뜻 생각을 여러모로 깊이.

📚 **어휘력 기르기**   이럴 때 사용해요.

네가 한 행동을 곰곰이 생각해 봐.

어느 길이 더 빠를지 곰곰이 생각하고 있어요.

✏️ **문장 읽고 따라 쓰기**   낱말의 뜻을 생각하며 문장을 바르게 따라 써 봐요.

|사|자|는| |가|만|히| |앉|아|서|
|곰|곰|이| |생|각|했|습|니|다|.|

💡 **문장력 기르기**   낱말을 사용해 나만의 문장을 만들어 봐요.

023 속살거리다

공부한 날   월   일

🎧 음원 듣고 따라 말하기

오빠는 조그맣게 **속살거렸어요**.

뜻 남이 알아듣지 못할 만큼 작은 목소리로 자꾸 이야기하다.

📖 **어휘력 기르기**   이럴 때 사용해요.

아이들이 속살거리며 웃었어요.

여주가 엄마에게 귓속말로 속살거렸어요.

✏️ **문장 읽고 따라 쓰기**   낱말의 뜻을 생각하며 문장을 바르게 따라 써 봐요.

오빠는 조그맣게 속살거렸어요.

💡 **문장력 기르기**   낱말을 사용해 나만의 문장을 만들어 봐요.

024

함빡

공부한 날   월   일

🎧 음원 듣고 따라 말하기

짐 외삼촌이 함빡 웃을 만한 계획을 짜고 있어요.

교과서 수록

뜻) 남을 정도로 넉넉한 모양.

📖 **어휘력 기르기**   이럴 때 사용해요.

갑자기 소나기가 내려 옷이 함빡 젖었다.

윤이는 웃음을 함빡 머금었어요.

✏️ **문장 읽고 따라 쓰기**   낱말의 뜻을 생각하며 문장을 바르게 따라 써 봐요.

짐 외삼촌이 함빡 웃을 V
만한 계획을 짜고 있어
요.

💡 **문장력 기르기**   낱말을 사용해 나만의 문장을 만들어 봐요.

025

꿈꾸다

공부한 날   월   일

🎧 음원 듣고 따라 말하기

마침내 우리는 가족 모두가 꿈꾸어 온 의자를 발견했습니다.

뜻 바라고 원하다.

📖 **어휘력 기르기** 이럴 때 사용해요.

나는 아름다운 세상을 꿈꿉니다.

해인이는 병을 고치는 의사가 되기를 꿈꿨어.

✏️ **문장 읽고 따라 쓰기** 낱말의 뜻을 생각하며 문장을 바르게 따라 써 봐요.

마	침	내		우	리	는		가	족		모
두	가		꿈	꾸	어		온		의	자	를 V
발	견	했	습	니	다	.					

💡 **문장력 기르기** 낱말을 사용해 나만의 문장을 만들어 봐요.

026

칭얼대다

무지개 물고기가 칭얼댔어요.

뜻 자꾸 보채고 울다.

공부한 날   월   일

🎧 음원 듣고 따라 말하기

📖 **어휘력 기르기** 이럴 때 사용해요.

아기가 칭얼대는 걸 보니 졸린 모양이다.

동생은 다리가 아프다고 계속 칭얼댔어요.

✏️ **문장 읽고 따라 쓰기** 낱말의 뜻을 생각하며 문장을 바르게 따라 써 봐요.

무	지	개		물	고	기	가		칭	얼	댔
어	요	.									

💡 **문장력 기르기** 낱말을 사용해 나만의 문장을 만들어 봐요.

어휘력 쑥쑥! 낱말 퀴즈

빈칸에 들어갈 낱말을 〈보기〉에서 골라 채워 보세요.

보기   보살필   눈치채지   비웃었
        곰곰이   사이좋게   상냥하게

❶ 오늘부터 사이좋게 잘 지내자!

❷ 걱정 마, 내가 고양이를 잘 ☐☐☐ 게.

❸ 아무도 ☐☐☐☐ 못하게 살금살금 걸어.

❹ 잠자코 앉아서 ☐☐☐ 생각해 보렴.

❺ 모두가 손가락질하며 생쥐를 ☐☐☐ 습니다.

❻ 만나면 ☐☐☐☐ 웃으며 인사해요.

어휘력 쑥쑥! 낱말 퀴즈

아래 퍼즐 속에는 낱말 다섯 개가 숨어 있어요.
가로, 세로, 대각선으로 숨은 낱말을 찾고 동그라미로 표시해 보세요.

어떤 낱말이 숨어 있을까?

속살거리다   어리둥절하다   나란히   유쾌하다   껴안다

나	속	유	쾌	하	다
란	색	살	연	비	고
히	연	회	거	방	껴
토	우	습	지	리	안
어	리	둥	절	하	다
단	닭	지	새	잡	기

날마다 자라요

· 정체성과 성장 ·

절대로 변하지 않는 것이 있어요. 나는 '나'라는 사실이에요.
매일 아침 세수하고 나서 거울을 보면 내 얼굴이 그대로인 것
같지요? 하지만 내 몸은 조금씩 달라지고 있답니다.
그림책 속에서 쑥쑥 자라는 내 몸과 점점 넓어지는 마음을
발견하고, 멋진 문장을 따라 써 보세요.

027

모으다

공부한 날   월   일

🎧 음원 듣고 따라 말하기

색깔을 모으고 있어.

뜻 한데 합치다.

📖 **어휘력 기르기**   이럴 때 사용해요.

두 손을 모으고 기도해요.

다람쥐들은 가을 내내 도토리를 열심히 모은대.

✏️ **문장 읽고 따라 쓰기**   낱말의 뜻을 생각하며 문장을 바르게 따라 써 봐요.

| 색 | 깔 | 을 | | 모 | 으 | 고 | | 있 | 어 | . |

💡 **문장력 기르기**   낱말을 사용해 나만의 문장을 만들어 봐요.

028

마주치다

공부한 날   월   일

🎧 음원 듣고 따라 말하기

매튜는 모퉁이를 돌다가 다른 생쥐와 마주쳤어.

뜻 우연히 서로 만나다.

📖 **어휘력 기르기**   이럴 때 사용해요.

편의점 앞에서 고양이와 마주쳤어요.

도서관에 가면 짝꿍과 또 마주칠 수 있을까?

✏️ **문장 읽고 따라 쓰기**   낱말의 뜻을 생각하며 문장을 바르게 따라 써 봐요.

매튜는 모퉁이를 돌다가
다른 생쥐와 마주쳤어.

💡 **문장력 기르기**   낱말을 사용해 나만의 문장을 만들어 봐요.

43

029

어마어마하다

공부한 날   월   일

🎧 음원 듣고 따라 말하기

<u>어마어마하게</u> 멋진 것을 찾아낼 때까지 파야 해.

뜻 엄청나고 굉장하다.

📖 **어휘력 기르기** 이럴 때 사용해요.

코끼리가 <u>어마어마하게</u> 컸어요.

<u>어마어마하게</u> 많은 까마귀가 하늘을 뒤덮었다.

✏️ **문장 읽고 따라 쓰기** 낱말의 뜻을 생각하며 문장을 바르게 따라 써 봐요.

| 어 | 마 | 어 | 마 | 하 | 게 | | 멋 | 진 | | 것 | 을 | V |
| 찾 | 아 | 낼 | | 때 | 까 | 지 | | 파 | 야 | | 해 | . |

💡 **문장력 기르기** 낱말을 사용해 나만의 문장을 만들어 봐요.

030

겁먹다

공부한 날   월   일

🎧 음원 듣고 따라 말하기

잠깐, 너도 나한테 겁먹은 거야?

뜻 무서워하는 마음을 가지다.

📖 **어휘력 기르기** 이럴 때 사용해요.

미리 겁먹을 필요 없어요.

소영이는 겁먹은 얼굴로 소리쳤다.

✏️ **문장 읽고 따라 쓰기** 낱말의 뜻을 생각하며 문장을 바르게 따라 써 봐요.

잠	깐	,		너	도		나	한	테		겁	먹
은		거	야	?					

💡 **문장력 기르기** 낱말을 사용해 나만의 문장을 만들어 봐요.

031 고요하다

공부한 날   월   일

🎧 음원 듣고 따라 말하기

잠시 후 모든 것이 고요해졌어.

뜻 아무 소리가 없고 조용하다.

📖 **어휘력 기르기** 이럴 때 사용해요.

고요한 밤에 함박눈이 내려요.

자장가 소리에 아기는 고요하게 잠들었다.

✏️ **문장 읽고 따라 쓰기** 낱말의 뜻을 생각하며 문장을 바르게 따라 써 봐요.

잠	시		후		모	든		것	이		고
요	해	졌	어	.							

💡 **문장력 기르기** 낱말을 사용해 나만의 문장을 만들어 봐요.

032 귀 기울이다

공부한 날   월   일

🎧 음원 듣고 따라 말하기

우리는 잠시 **귀 기울여** 들었습니다.

뜻 주의를 하여 잘 듣다.

📖 **어휘력 기르기**   이럴 때 사용해요.

아무도 양치기 소년의 말에 귀 기울이지 않았습니다.

선생님은 아이들의 말에 항상 귀 기울여 주셨어.

✏️ **문장 읽고 따라 쓰기**   낱말의 뜻을 생각하며 문장을 바르게 따라 써 봐요.

우리는 잠시 귀 기울여∨
들었습니다.

💡 **문장력 기르기**   낱말을 사용해 나만의 문장을 만들어 봐요.

033

토닥이다

오틸라가 해골을 토닥였어.

뜻 가볍게 두드리다.

어휘력 기르기 이럴 때 사용해요.

할머니가 내 등을 토닥여 주셨다.

고모는 고양이의 궁둥이를 토닥였다.

문장 읽고 따라 쓰기 낱말의 뜻을 생각하며 문장을 바르게 따라 써 봐요.

오틸라가 해골을 토닥였어.

문장력 기르기 낱말을 사용해 나만의 문장을 만들어 봐요.

034 방해하다

교과서 수록

공부한 날   월   일

🎧 음원 듣고 따라 말하기

대신 날 방해하지는 마.

뜻) 남의 일에 끼어들어 일이 제대로 되지 못하게 하다.

📖 **어휘력 기르기** 이럴 때 사용해요.

우리 계획을 방해하는 거니?

모처럼 쉬는데 방해하지 마세요.

✏️ **문장 읽고 따라 쓰기** 낱말의 뜻을 생각하며 문장을 바르게 따라 써 봐요.

| 대 | 신 | | 날 | | 방 | 해 | 하 | 지 | 는 | | 마 | . |

💡 **문장력 기르기** 낱말을 사용해 나만의 문장을 만들어 봐요.

035

해내다

공부한 날   월   일

🎧 음원 듣고 따라 말하기

이제 미스 럼피우스는 가장 어려운 세 번째 일을 <u>해낸</u> 거예요!

뜻 힘든 일을 너끈히 이루다.

📖 **어휘력 기르기**   이럴 때 사용해요.

포기하지 않으면 반드시 <u>해낼</u> 수 있어요.

종수는 무슨 일이든지 끝까지 <u>해내는</u> 친구입니다.

✏️ **문장 읽고 따라 쓰기**   낱말의 뜻을 생각하며 문장을 바르게 따라 써 봐요.

이	제		미	스		럼	피	우	스	는
가	장		어	려	운		세		번	째
일	을		해	낸		거	예	요	!	

💡 **문장력 기르기**   낱말을 사용해 나만의 문장을 만들어 봐요.

036

저마다

공부한 날   월   일

🎧 음원 듣고 따라 말하기

모든 동물들은 저마다 자기만의 색이 있어.

뜻 사람이나 사물마다 각각.

📖 **어휘력 기르기** 이럴 때 사용해요.

사람들은 저마다 꿈이 있어요.

아이들은 저마다 다른 선물을 들고 왔습니다.

✏️ **문장 읽고 따라 쓰기** 낱말의 뜻을 생각하며 문장을 바르게 따라 써 봐요.

| 모 | 든 | | 동 | 물 | 들 | 은 | | 저 | 마 | 다 |
| 자 | 기 | 만 | 의 | | 색 | 이 | | 있 | 어 | . |

💡 **문장력 기르기** 낱말을 사용해 나만의 문장을 만들어 봐요.

037 물들다

흰 고양이, 너는 노을빛으로 물들어서 예쁘구나.

🎧 음원 듣고 따라 말하기

뜻 빛깔이 스미거나 넓게 퍼지다.

📖 **어휘력 기르기**   이럴 때 사용해요.

부끄러워서 얼굴이 붉게 물들었어.

은행잎이 어느새 노랗게 물들었다.

✏️ **문장 읽고 따라 쓰기**   낱말의 뜻을 생각하며 문장을 바르게 따라 써 봐요.

흰		고	양	이	,	너	는		노	을	빛
으	로		물	들	어	서		예	쁘	구	나	.

💡 **문장력 기르기**   낱말을 사용해 나만의 문장을 만들어 봐요.

038 아물다

덩키덩키의 상처는 곧 아물었어요.

뜻 상처가 다 나아서 살갗이 맞붙다.

어휘력 기르기 이럴 때 사용해요.

상처가 쉽게 아물지 않았다.

상처가 잘 아물려면 물이 묻어선 안 됩니다.

문장 읽고 따라 쓰기 낱말의 뜻을 생각하며 문장을 바르게 따라 써 봐요.

| 덩 | 키 | 덩 | 키 | 의 | | 상 | 처 | 는 | | 곧 |
| 아 | 물 | 었 | 어 | 요 | . | | | | | |

문장력 기르기 낱말을 사용해 나만의 문장을 만들어 봐요.

039

털어놓다

공부한 날   월   일

음원 듣고 따라 말하기

어느 날 무지개 물고기는 불가사리 아저씨에게 고민을 털어놓았습니다.

뜻 숨김없이 말하다.

📖 **어휘력 기르기** 이럴 때 사용해요.

친구에게 모든 이야기를 털어놓았어.

너에게 속마음을 털어놓고 싶어.

✏️ **문장 읽고 따라 쓰기** 낱말의 뜻을 생각하며 문장을 바르게 따라 써 봐요.

어	느		날		무	지	개		물	고	기
는		불	가	사	리		아	저	씨	에	게	V
고	민	을		털	어	놓	았	습	니	다	.

💡 **문장력 기르기** 낱말을 사용해 나만의 문장을 만들어 봐요.

040

거듭하다

공부한 날　　월　　일

🎧 음원 듣고 따라 말하기

갈릴레오는 연구를 거듭하여 마침내 직접 망원경을 만들었습니다.

뜻) 자꾸 되풀이하다.

📖 **어휘력 기르기**　이럴 때 사용해요.

나는 동생에게 잔소리를 거듭했어.

가수는 그 노래를 거듭해서 불렀다.

✏️ **문장 읽고 따라 쓰기**　낱말의 뜻을 생각하며 문장을 바르게 따라 써 봐요.

갈	릴	레	오	는		연	구	를		거	듭
하	여		마	침	내		직	접		망	원
경	을		만	들	었	습	니	다	.		

💡 **문장력 기르기**　낱말을 사용해 나만의 문장을 만들어 봐요.

041

횡설수설하다

공부한 날   월   일

🎧 음원 듣고 따라 말하기

강도들은 말문이 막혀 <u>횡설수설했단다</u>.

뜻 앞뒤가 맞지 않게 마구 지껄이다.

📖 **어휘력 기르기** 이럴 때 사용해요.

<u>횡설수설하지</u> 말고 차근차근 말해 봐!

거짓말이 들통나서 <u>횡설수설하기</u> 시작했어.

✏️ **문장 읽고 따라 쓰기** 낱말의 뜻을 생각하며 문장을 바르게 따라 써 봐요.

강	도	들	은		말	문	이		막	혀
횡	설	수	설	했	단	다	.			

💡 **문장력 기르기** 낱말을 사용해 나만의 문장을 만들어 봐요.

042

도맡다

아무도 없을 때면 그레이스 혼자 모든 역을 도맡아요.

뜻 혼자서 책임지고 모두 해내다.

어휘력 기르기   이럴 때 사용해요.

요리는 형이 도맡아 했다.

청년은 마을의 궂은 일을 도맡아 했어.

문장 읽고 따라 쓰기   낱말의 뜻을 생각하며 문장을 바르게 따라 써 봐요.

아무도 없을 때면 그레이스 혼자 모든 역을 도맡아요.

문장력 기르기   낱말을 사용해 나만의 문장을 만들어 봐요.

043

빼어나다

공부한 날   월   일

🎧 음원 듣고 따라 말하기

멋진볏 아가씨는 **빼어난** 볏을 지닌 아가씨였지요.

뜻) 두드러지게 뛰어나다.

📖 **어휘력 기르기**   이럴 때 사용해요.

창밖 풍경은 무척 **빼어났다**.

공작새의 깃털은 **빼어나게** 아름다웠다.

✏️ **문장 읽고 따라 쓰기**   낱말의 뜻을 생각하며 문장을 바르게 따라 써 봐요.

| 멋 | 진 | 볏 | | 아 | 가 | 씨 | 는 | | 빼 | 어 | 난 | V |
| 볏 | 을 | | 지 | 닌 | | 아 | 가 | 씨 | 였 | 지 | 요 | . |

💡 **문장력 기르기**   낱말을 사용해 나만의 문장을 만들어 봐요.

044

수줍다

공부한 날   월   일

🎧 음원 듣고 따라 말하기

마르고, 눈 나쁘고, <u>수줍음</u> 많은 아이였지요.

뜻) 남을 대하는 것이 어렵거나 부끄럽다.

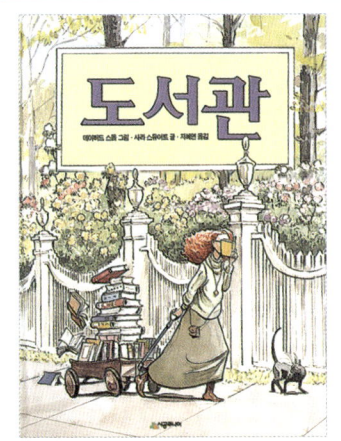

📖 **어휘력 기르기**   이럴 때 사용해요.

<u>수줍어서</u> 고맙다는 말도 못했어.

강빈이는 무척 <u>수줍어</u> 얼굴이 새빨개졌습니다.

✏️ **문장 읽고 따라 쓰기**   낱말의 뜻을 생각하며 문장을 바르게 따라 써 봐요.

| 마 | 르 | 고 | , | 눈 | | 나 | 쁘 | 고 | , | 수 | 줍 |
| 음 | | 많 | 은 | | 아 | 이 | 였 | 지 | 요 | . | |

💡 **문장력 기르기**   낱말을 사용해 나만의 문장을 만들어 봐요.

 **어휘력 쑥쑥! 낱말 퀴즈**

낱말들은 서로 가장 잘 어울리는 짝꿍이 있어요.
어울리는 낱말끼리 짝을 지어 선으로 연결하고 문장을 완성해 보세요.

동전을	토닥이다
천둥소리에	마주치다
선생님과	빼어나다
어깨를	모으다
솜씨가	겁먹다

 **어휘력 쑥쑥! 낱말 퀴즈**

문장에 알맞은 낱말을 골라 동그라미로 표시하고,
빈칸을 채워 문장을 완성해 보세요.

❶ 이마의 상처가 깨끗하게 　아 물 어 야　 할 텐데.

　　　　깨물어야　　(아물어야)

❷ 비밀 한 가지씩 　　　　　 어때?

　　　　돌아다니면　　털어놓으면

❸ 바위는 　　　　 하게 단단해요.

　　　말랑말랑　　어마어마

❹ 어려운 일을 　　　 친구가 회장이 되면 좋겠어.

　　　도맡는　　도망친

❺ 아진이는 포기하지 않고 끝까지 　　　 친구야!

　　　　해내는　　해맑은

모험을 떠나요

·상상과 즐거움·

상상하는 걸 좋아하나요? 상상으로는 못할 것도 없고 못 갈 곳도 없지요. 누군가는 쓸데없는 생각 좀 그만하라고 나무랄 수도 있지만, 그런 상상 덕분에 한층 더 신나는 것도 사실이잖아요. 발걸음을 성큼 뗄 수 있는 멋진 그림책 속 문장들을 따라 쓰면서 상상하는 즐거움을 느껴 봐요.

045

달리다

공부한 날   월   일

🎧 음원 듣고 따라 말하기

화물 열차가 달리고 있습니다.

뜻 빨리 가다.

📖 **어휘력 기르기**   이럴 때 사용해요.

늦지 않으려면 달리는 게 좋을걸?

지수는 우리 반에서 가장 잘 달려요.

✏️ **문장 읽고 따라 쓰기**   낱말의 뜻을 생각하며 문장을 바르게 따라 써 봐요.

| 화 | 물 | | 열 | 차 | 가 | | 달 | 리 | 고 | | 있 |
| 습 | 니 | 다 | . | | | | | | | | |

💡 **문장력 기르기**   낱말을 사용해 나만의 문장을 만들어 봐요.

046

신기하다

공부한 날   월   일

🎧 음원 듣고 따라 말하기

사랑은 신기한 일을 이루어냅니다.

뜻) 아주 놀랍고 이상하다.

📖 **어휘력 기르기** 이럴 때 사용해요.

이렇게 신기하게 생긴 동물은 처음 봐.

동전 마술은 아무리 보아도 신기하다.

✏️ **문장 읽고 따라 쓰기** 낱말의 뜻을 생각하며 문장을 바르게 따라 써 봐요.

사랑은 신기한 일을 이루어냅니다.

💡 **문장력 기르기** 낱말을 사용해 나만의 문장을 만들어 봐요.

047

속상하다

공부한 날   월   일

🎧 음원 듣고 따라 말하기

임금님은 <u>속상해서</u> 또다시 엉엉 울었습니다.

뜻) 매우 마음이 아프고 안타깝다.

📖 **어휘력 기르기** 이럴 때 사용해요.

장난감이 망가져서 <u>속상했어요</u>.

동생은 <u>속상한</u> 표정을 지었다.

✏️ **문장 읽고 따라 쓰기** 낱말의 뜻을 생각하며 문장을 바르게 따라 써 봐요.

| 임 | 금 | 님 | 은 | | 속 | 상 | 해 | 서 | | 또 | 다 |
| 시 | | 엉 | 엉 | | 울 | 었 | 습 | 니 | 다 | . | |

💡 **문장력 기르기** 낱말을 사용해 나만의 문장을 만들어 봐요.

048

빙글빙글

공부한 날   월   일

🎧 음원 듣고 따라 말하기

피터는 혼자 빙글빙글 돌기 시작했습니다.

뜻) 원을 그리며 계속해서 도는 모양.

📚 **어휘력 기르기** 이럴 때 사용해요.

팽이는 빙글빙글 돌았습니다.

아이들은 빙글빙글 돌며 노래를 불렀다.

✏️ **문장 읽고 따라 쓰기** 낱말의 뜻을 생각하며 문장을 바르게 따라 써 봐요.

피	터	는		혼	자		빙	글	빙	글
돌	기		시	작	했	습	니	다	.	

💡 **문장력 기르기** 낱말을 사용해 나만의 문장을 만들어 봐요.

049

즐기다

모두들 한밤의 파티를 즐겼어요.

뜻 즐겁게 누리거나 맛보다.

공부한 날   월   일

🎧 음원 듣고 따라 말하기

📖 **어휘력 기르기** 이럴 때 사용해요.

준빈이는 바다 수영을 즐겼습니다.

모두가 명절 음식을 즐기고 있어요.

✏️ **문장 읽고 따라 쓰기** 낱말의 뜻을 생각하며 문장을 바르게 따라 써 봐요.

모두들 한밤의 파티를 즐겼어요.

💡 **문장력 기르기** 낱말을 사용해 나만의 문장을 만들어 봐요.

050

영영

공부한 날   월   일

🎧 음원 듣고 따라 말하기

모자를 영영 잃어버렸으면 어떡하지?

뜻 영원히 언제까지나.

📖 **어휘력 기르기** 이럴 때 사용해요.

요정은 영영 돌아오지 않았어.

비둘기는 어디로 갔는지 영영 보이지 않아요.

✏️ **문장 읽고 따라 쓰기** 낱말의 뜻을 생각하며 문장을 바르게 따라 써 봐요.

| 모 | 자 | 를 | | 영 | 영 | | 잃 | 어 | 버 | 렸 | 으 |
| 면 | | 어 | 떡 | 하 | 지 | ? | | | | | |

💡 **문장력 기르기** 낱말을 사용해 나만의 문장을 만들어 봐요.

051 꼬물꼬물

🎧 음원 듣고 따라 말하기

공부한 날   월   일

애벌레는 <u>꼬물꼬물</u> 먹이를 찾아 나섰지요.

뜻 조그만 것이 자꾸 움직이는 모양.

📖 **어휘력 기르기**   이럴 때 사용해요.

송충이가 <u>꼬물꼬물</u> 기어간다.

아기는 발가락을 <u>꼬물꼬물</u> 움직였어요.

✏️ **문장 읽고 따라 쓰기**   낱말의 뜻을 생각하며 문장을 바르게 따라 써 봐요.

| 애 | 벌 | 레 | 는 | | 꼬 | 물 | 꼬 | 물 | | 먹 | 이 |
| 를 | | 찾 | 아 | | 나 | 섰 | 지 | 요 | . | | |

💡 **문장력 기르기**   낱말을 사용해 나만의 문장을 만들어 봐요.

052 몰래

공부한 날   월   일

🎧 음원 듣고 따라 말하기

그냥 몰래 가져온 거야.

뜻 남이 모르게 살짝.

📖 **어휘력 기르기**   이럴 때 사용해요.

사탕을 몰래 먹은 거야?

선생님 몰래 파티를 준비하자.

✏️ **문장 읽고 따라 쓰기**   낱말의 뜻을 생각하며 문장을 바르게 따라 써 봐요.

그	냥		몰	래		가	져	온		거	야	.

💡 **문장력 기르기**   낱말을 사용해 나만의 문장을 만들어 봐요.

053 특별하다

공부한 날   월   일

🎧 음원 듣고 따라 말하기

그 집에는 아주 **특별한** 침대가 있어요.

뜻) 보통과 아주 다르다.

📖 **어휘력 기르기**   이럴 때 사용해요.

이 방망이는 아주 **특별하단다**.

누구나 **특별하게** 잘하는 것이 하나씩은 있어.

✏️ **문장 읽고 따라 쓰기**   낱말의 뜻을 생각하며 문장을 바르게 따라 써 봐요.

그 집에는 아주 특별한 ∨
침대가 있어요.

💡 **문장력 기르기**   낱말을 사용해 나만의 문장을 만들어 봐요.

054 타박타박

교과서 수록

공부한 날   월   일

🎧 음원 듣고 따라 말하기

앨리스와 잭은 타박타박 숲속으로 들어갔어요.

뜻 조금 느릿느릿 걷는 모양.

📖 **어휘력 기르기** 이럴 때 사용해요.

나는 쉬지 않고 타박타박 걸었다.

한밤중 누군가 타박타박 걷는 소리가 들려왔다.

✏️ **문장 읽고 따라 쓰기** 낱말의 뜻을 생각하며 문장을 바르게 따라 써 봐요.

| 앨 | 리 | 스 | 와 | | 잭 | 은 | | 타 | 박 | 타 | 박 ∨ |
| 숲 | 속 | 으 | 로 | | | 들 | 어 | 갔 | 어 | 요 | . |

💡 **문장력 기르기** 낱말을 사용해 나만의 문장을 만들어 봐요.

055

끼어들다

공부한 날   월   일

🎧 음원 듣고 따라 말하기

오늘은 <u>끼어들지</u> 않을 거지?

뜻 자기 순서나 자리가 아닌 틈새에 들어가다.

📖 **어휘력 기르기**   이럴 때 사용해요.

차 앞에 버스가 <u>끼어들었다</u>.

남의 싸움에 <u>끼어들지</u> 마.

✏️ **문장 읽고 따라 쓰기**   낱말의 뜻을 생각하며 문장을 바르게 따라 써 봐요.

오	늘	은		끼	어	들	지		않	을
거	지	?								

💡 **문장력 기르기**   낱말을 사용해 나만의 문장을 만들어 봐요.

_____

056 아끼다

공부한 날   월   일

🎧 음원 듣고 따라 말하기

교수님은 앵무새들을 무척 아꼈지요.

뜻 소중히 여기거나 다루다.

📖 어휘력 기르기 이럴 때 사용해요.

효은이는 무척 아끼는 컵을 깨트리고 말았어.

병든 병아리를 조금 더 아껴 주고 싶었습니다.

✏️ 문장 읽고 따라 쓰기 낱말의 뜻을 생각하며 문장을 바르게 따라 써 봐요.

교수님은 앵무새들을 무척 아꼈지요.

💡 문장력 기르기 낱말을 사용해 나만의 문장을 만들어 봐요.

057

신경 쓰다

공부한 날   월   일

🎧 음원 듣고 따라 말하기

더 이상 밤한테 <u>신경 쓰지</u> 않을 거야.

뜻) 작은 일까지 꼼꼼하게 생각하고 살피다.

📖 **어휘력 기르기**   이럴 때 사용해요.

아이들 건강에 <u>신경 써</u> 주세요.

제가 잘 치울 테니 <u>신경 쓰지</u> 않으셔도 됩니다.

✏️ **문장 읽고 따라 쓰기**   낱말의 뜻을 생각하며 문장을 바르게 따라 써 봐요.

더		이상		밤한테			신경	
쓰지		않을			거야.			

💡 **문장력 기르기**   낱말을 사용해 나만의 문장을 만들어 봐요.

058 웅크리다

공부한 날   월   일

🎧 음원 듣고 따라 말하기

겁에 질린 새끼 고양이 한 마리가 수풀 속에서 웅크리고 있었어요.

뜻 몸을 잔뜩 움츠리다.

📖 **어휘력 기르기**   이럴 때 사용해요.

어깨를 웅크리고 걸었다.

표범은 몸을 잔뜩 웅크리고 먹잇감을 노려봤다.

✏️ **문장 읽고 따라 쓰기**   낱말의 뜻을 생각하며 문장을 바르게 따라 써 봐요.

겁에 질린 새끼 고양이
한 마리가 수풀 속에서
웅크리고 있었어요.

💡 **문장력 기르기**   낱말을 사용해 나만의 문장을 만들어 봐요.

059 곤두박질치다

우유 배달부 미키는 바닥으로 보옹 **곤두박질쳤어**.

뜻 갑자기 거꾸로 떨어지다.

📖 어휘력 기르기   이럴 때 사용해요.

임금님의 인기는 하루아침에 **곤두박질쳤습니다**.

절벽에서 **곤두박질치는** 꿈을 꾸었어.

✏️ 문장 읽고 따라 쓰기   낱말의 뜻을 생각하며 문장을 바르게 따라 써 봐요.

우	유		배	달	부		미	키	는		바
닥	으	로		보	옹		곤	두	박	질	쳤
어	.										

💡 문장력 기르기   낱말을 사용해 나만의 문장을 만들어 봐요.

060 길들이다

공부한 날   월   일

🎧 음원 듣고 따라 말하기

말을 어떻게 **길들여요**?

뜻 동물을 부리기 좋게 하다, 물건을 쓰기 좋게 하다.

📖 **어휘력 기르기**   이럴 때 사용해요.

얼룩말은 절대로 **길들여지지** 않는대.

물건을 잘 **길들이면** 오래 쓸 수 있어.

✏️ **문장 읽고 따라 쓰기**   낱말의 뜻을 생각하며 문장을 바르게 따라 써 봐요.

| 말 | 을 | | 어 | 떻 | 게 | | 길 | 들 | 여 | 요 | ? |

💡 **문장력 기르기**   낱말을 사용해 나만의 문장을 만들어 봐요.

061

마련하다

공부한 날   월   일

🎧 음원 듣고 따라 말하기

내 자리도 마련해 줄 수 있나요?

뜻 필요한 것을 미리 준비하거나 갖추다.

📖 **어휘력 기르기**   이럴 때 사용해요.

겨울에 먹을 곡식을 마련해 두는 게 좋을 거야.

어린이들이 마음껏 뛰놀 공간을 마련하겠습니다.

✏️ **문장 읽고 따라 쓰기**   낱말의 뜻을 생각하며 문장을 바르게 따라 써 봐요.

| 내 | | 자 | 리 | 도 | | 마 | 련 | 해 | | 줄 |
| 수 | | 있 | 나 | 요 | ? |

💡 **문장력 기르기**   낱말을 사용해 나만의 문장을 만들어 봐요.

062

헤치다

공부한 날   월   일

🎧 음원 듣고 따라 말하기

풀밭을 헤치고 지나가면 되잖아!

뜻 옆으로 밀어 열리게 하다.

📖 **어휘력 기르기**   이럴 때 사용해요.

안개를 헤치고 걸어갔다.

범고래는 거친 파도를 헤치고 앞으로 나아갔어.

✏️ **문장 읽고 따라 쓰기**   낱말의 뜻을 생각하며 문장을 바르게 따라 써 봐요.

풀밭을 헤치고 지나가면 ∨
되잖아!

💡 **문장력 기르기**   낱말을 사용해 나만의 문장을 만들어 봐요.

063 휘몰아치다

바람은 점점 더 세차게 휘몰아쳤어.

뜻 눈, 비바람 등이 한곳으로 세차게 불다.

어휘력 기르기 이럴 때 사용해요.

비바람이 휘몰아치는 소리에 잠이 오지 않아요.

창밖에는 눈보라가 휘몰아치고 있었다.

문장 읽고 따라 쓰기 낱말의 뜻을 생각하며 문장을 바르게 따라 써 봐요.

바람은 점점 더 세차게 ∨
휘몰아쳤어.

문장력 기르기 낱말을 사용해 나만의 문장을 만들어 봐요.

064 쏜살같이

팀은 죽을힘을 다해 쏜살같이 부두로 달려갔어.

뜻 날아가는 화살같이 매우 빠르게.

어휘력 기르기 이럴 때 사용해요.

기차가 쏜살같이 지나갔다.

지현이는 강아지를 보려고 쏜살같이 집으로 달려갔다.

문장 읽고 따라 쓰기 낱말의 뜻을 생각하며 문장을 바르게 따라 써 봐요.

| 팀 | 은 | | 죽 | 을 | 힘 | 을 | | 다 | 해 | | 쏜 |
| 살 | 같 | 이 | | 부 | 두 | 로 | | 달 | 려 | 갔 | 어. |

문장력 기르기 낱말을 사용해 나만의 문장을 만들어 봐요.

065

애쓰다

공부한 날   월   일

🎧 음원 듣고 따라 말하기

그날 밤 조지는 다시 한 번 일찍 자러 가서 주문을 알아내려고 <u>애썼어요</u>.

뜻) 마음을 다하여 힘쓰다.

📖 **어휘력 기르기**   이럴 때 사용해요.

보선이는 넘어지지 않으려고 애썼다.

나는 새 친구들과 잘 지내려고 애쓰고 있다.

✏️ **문장 읽고 따라 쓰기**   낱말의 뜻을 생각하며 문장을 바르게 따라 써 봐요.

그	날		밤		조	지	는		다	시
한		번		일	찍		자	러		가	서 V
주	문	을		알	아	내	려	고		애	썼
어	요	.									

💡 **문장력 기르기**   낱말을 사용해 나만의 문장을 만들어 봐요.

066

까마득하다

공부한 날　월　일

🎧 음원 듣고 따라 말하기

태양은 사정없이 지글거리고 갈 길은 아직도 까마득했어요.

뜻 아주 멀어서 아득하다.

📖 어휘력 기르기　이럴 때 사용해요.

밤하늘의 별들이 까마득하게 보였다.

산꼭대기에서 아래를 내려다보니 까마득했다.

✏️ 문장 읽고 따라 쓰기　낱말의 뜻을 생각하며 문장을 바르게 따라 써 봐요.

태	양	은		사	정	없	이		지	글	거
리	고		갈		길	은		아	직	도	
까	마	득	했	어	요	.					

💡 문장력 기르기　낱말을 사용해 나만의 문장을 만들어 봐요.

067

힘닿다

공부한 날   월   일

🎧 음원 듣고 따라 말하기

제가 힘닿는 데까지 모셔다 드릴게요.

뜻 힘이 미치거나 이르다.

📖 **어휘력 기르기** 이럴 때 사용해요.

힘닿는 데까지 돕고 싶어요.

힘닿는 날까지 노력하겠습니다.

✏️ **문장 읽고 따라 쓰기** 낱말의 뜻을 생각하며 문장을 바르게 따라 써 봐요.

| 제 | 가 | | 힘 | 닿 | 는 | | 데 | 까 | 지 | | 모 |
| 셔 | 다 | | 드 | 릴 | 게 | 요 | . | | | | |

💡 **문장력 기르기** 낱말을 사용해 나만의 문장을 만들어 봐요.

068 삼다

괴물들은 맥스를 괴물 나라 왕으로 **삼았어**.

뜻) 누구를 자기와 특별한 관계가 있는 사람으로 만들다.

📖 **어휘력 기르기** 이럴 때 사용해요.

나는 은행나무를 친구 **삼아** 이야기했어.

할아버지는 태호를 아들로 **삼았다**.

✏️ **문장 읽고 따라 쓰기** 낱말의 뜻을 생각하며 문장을 바르게 따라 써 봐요.

| 괴 | 물 | 들 | 은 | | 맥 | 스 | 를 | | 괴 | 물 |
| 나 | 라 | | 왕 | 으 | 로 | | 삼 | 았 | 어 | . |

💡 **문장력 기르기** 낱말을 사용해 나만의 문장을 만들어 봐요.

어휘력 쑥쑥! 낱말 퀴즈

낱말들은 서로 가장 잘 어울리는 짝꿍이 있어요.
짝꿍 낱말을 찾아서 신나는 사다리 타기를 해 봐요.

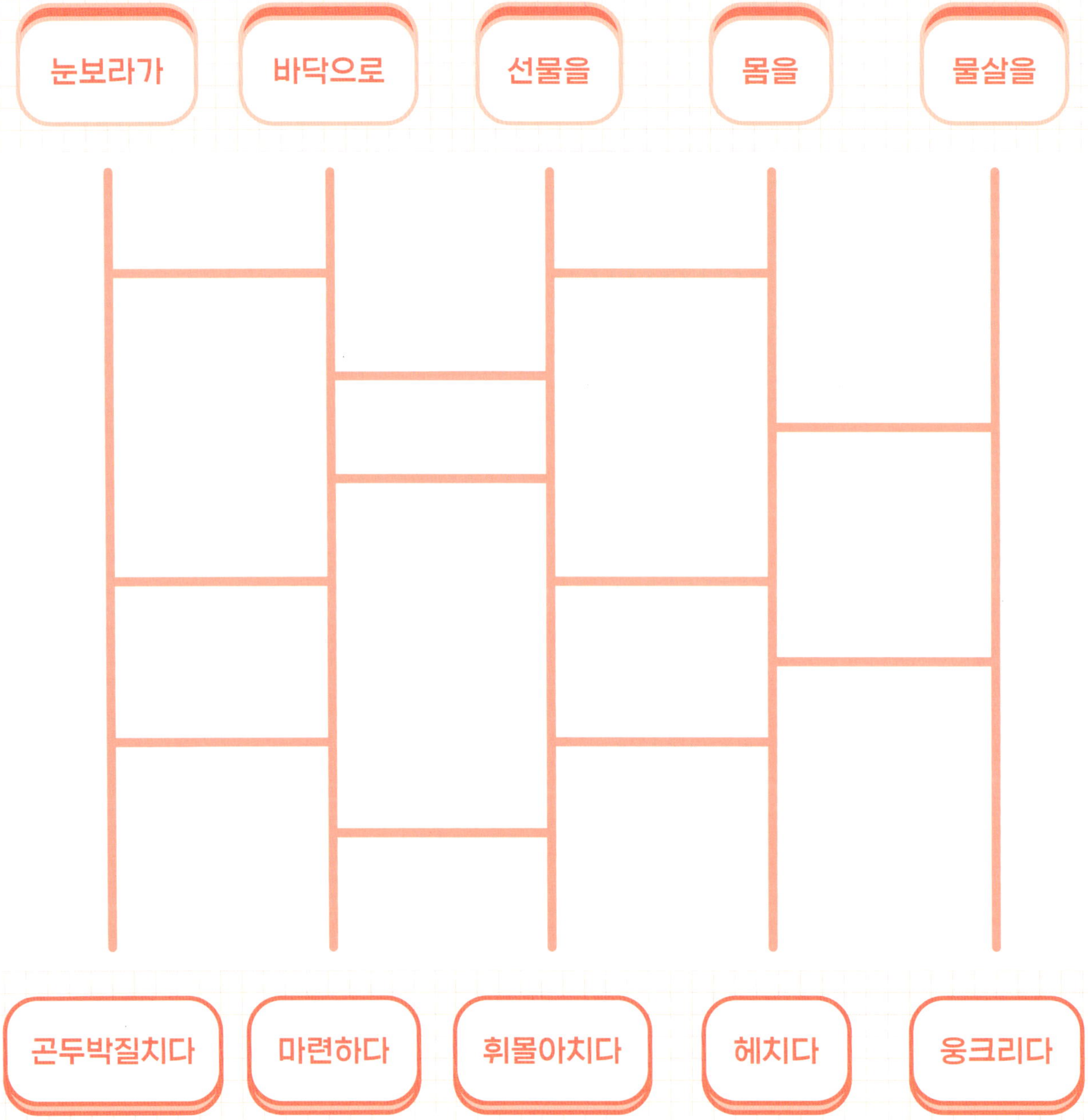

| 눈보라가 | 바닥으로 | 선물을 | 몸을 | 물살을 |

| 곤두박질치다 | 마련하다 | 휘몰아치다 | 헤치다 | 웅크리다 |

 **어휘력 쑥쑥! 낱말 퀴즈**

비슷한 뜻을 가진 낱말들이 있어요.
아래 풍선에서 뜻이 서로 비슷한 풍선을 찾아 같은 색깔로 칠해 보세요.

끼어들다
길들이다
꿈틀꿈틀
쏜살같이
까마득하다
기르다
새치기하다
아득하다
재빨리
꼬물꼬물

지혜를 배워요

·옛이야기와 교훈·

이야기는 힘이 세요. 얼마나 힘이 세냐면, 사람이나 동물처럼 나이를 먹긴 하지만 영원히 죽지 않을 정도로요. 옛이야기가 없어지지 않고 오래 사랑을 받는 것은 옛사람들의 지혜와 재치를 듬뿍 담고 있기 때문이에요. 사람들은 이야기를 읽고 전하며, 어리석은 실수를 줄여 나간답니다. 그림책 속 구수한 입말과 흉내 내는 말도 따라 써 보세요.

069 단단하다

공부한 날   월   일

조그만 순무야, 단단하게 자라렴.

뜻 무르지 않고 굳다.

어휘력 기르기 이럴 때 사용해요.

얼음이 단단하게 얼었다.

다이아몬드는 바위보다 단단하다.

문장 읽고 따라 쓰기 낱말의 뜻을 생각하며 문장을 바르게 따라 써 봐요.

조그만 순무야, 단단하게 ∨
자라렴.

문장력 기르기 낱말을 사용해 나만의 문장을 만들어 봐요.

070

슬금슬금

공부한 날   월   일

🎧 음원 듣고 따라 말하기

날마다 <u>슬금슬금</u> 다가오고 있어요.

뜻 남이 알아차리지 못하게 움직이는 모양.

📖 **어휘력 기르기** 이럴 때 사용해요.

배고픈 강아지가 <u>슬금슬금</u> 다가왔다.

준후는 눈치를 보며 <u>슬금슬금</u> 의자에 앉았어.

✏️ **문장 읽고 따라 쓰기** 낱말의 뜻을 생각하며 문장을 바르게 따라 써 봐요.

| 날 | 마 | 다 | | 슬 | 금 | 슬 | 금 | | 다 | 가 | 오 |
| 고 | | 있 | 어 | 요 | . | | | | | | |

💡 **문장력 기르기** 낱말을 사용해 나만의 문장을 만들어 봐요.

071

돌아보다

공부한 날   월   일

🎧 음원 듣고 따라 말하기

날마다 이 방에 와서 자신을 <u>돌아보았습니다</u>.

뜻 지난 일을 다시 생각하여 살피다.

📖 **어휘력 기르기** 이럴 때 사용해요.

네 자신을 먼저 <u>돌아보렴</u>.

어린 시절을 <u>돌아보면</u> 재미있는 일이 참 많았어.

✏️ **문장 읽고 따라 쓰기** 낱말의 뜻을 생각하며 문장을 바르게 따라 써 봐요.

| 날 | 마 | 다 | | 이 | | 방 | 에 | | 와 | 서 |
| 자 | 신 | 을 | | 돌 | 아 | 보 | 았 | 습 | 니 | 다. |

💡 **문장력 기르기** 낱말을 사용해 나만의 문장을 만들어 봐요.

072 어슬렁거리다

공부한 날   월   일

🎧 음원 듣고 따라 말하기

크고 못된 돼지가 <u>어슬렁거리다</u> 아기 늘대들이 지어 놓은 벽돌집을 보았어요.

뜻 몸을 이리저리 흔들며 천천히 걸어다니다.

교과서 수록

📖 **어휘력 기르기**   이럴 때 사용해요.

사자가 숲속을 어슬렁거리며 돌아다녔다.

호현이는 엄마 곁을 어슬렁거렸다.

✏️ **문장 읽고 따라 쓰기**   낱말의 뜻을 생각하며 문장을 바르게 따라 써 봐요.

크	고		못	된		돼	지	가		어	슬
렁	거	리	다		아	기		늘	대	들	이 V
지	어		놓	은		벽	돌	집	을		보
았	어	요	.								

💡 **문장력 기르기**   낱말을 사용해 나만의 문장을 만들어 봐요.

073

깨우다

넌 이제 아침 해를 깨우지 못할 거야.

뜻 잠을 깨게 하다.

어휘력 기르기 이럴 때 사용해요.

자고 있는 형을 흔들어 깨웠다.

아기를 깨우지 않으려고 살금살금 걸었다.

문장 읽고 따라 쓰기 낱말의 뜻을 생각하며 문장을 바르게 따라 써 봐요.

넌 이제 아침 해를 깨우지 못할 거야.

문장력 기르기 낱말을 사용해 나만의 문장을 만들어 봐요.

074

엉큼하다

공부한 날   월   일

🎧 음원 듣고 따라 말하기

일주일 내내 굶주린 끝에 비단뱀은 한 가지 **엉큼한** 꾀를 생각해 냈어요.

뜻) 엉뚱한 욕심이나 계획을 품다.

📖 **어휘력 기르기**   이럴 때 사용해요.

여우의 엉큼한 속셈을 모를 줄 알고?

지금 엉큼한 계획을 세우고 있는 중이야.

✏️ **문장 읽고 따라 쓰기**   낱말의 뜻을 생각하며 문장을 바르게 따라 써 봐요.

일	주	일		내	내		굶	주	린		끝
에		비	단	뱀	은		한		가	지	
엉	큼	한		꾀	를		생	각	해		냈
어	요	.									

💡 **문장력 기르기**   낱말을 사용해 나만의 문장을 만들어 봐요.

075 나서다

오늘 밤 우리는 우리 집을 지키기 위해 나서는 거예요.

뜻) 어디를 가기 위하여 있던 곳을 나오다.

어휘력 기르기 — 이럴 때 사용해요.

아침 일찍 집을 나섰다.

겨울에 먹을 열매를 찾아 나서자.

문장 읽고 따라 쓰기 — 낱말의 뜻을 생각하며 문장을 바르게 따라 써 봐요.

오	늘		밤		우	리	는		우	리
집	을		지	키	기		위	해		나	서
는		거	예	요	.					

문장력 기르기 — 낱말을 사용해 나만의 문장을 만들어 봐요.

076

궁금하다

공부한 날   월   일

🎧 음원 듣고 따라 말하기

생쥐들은 몹시 <u>궁금해하며</u> 집으로 돌아왔습니다.

뜻) 매우 알고 싶다.

📖 **어휘력 기르기**   이럴 때 사용해요.

상자 안에 뭐가 들었는지 <u>궁금했다</u>.

전학 간 결이가 어떻게 지내는지 <u>궁금해요</u>.

✏️ **문장 읽고 따라 쓰기**   낱말의 뜻을 생각하며 문장을 바르게 따라 써 봐요.

생쥐들은 몹시 궁금해하며 집으로 돌아왔습니다.

💡 **문장력 기르기**   낱말을 사용해 나만의 문장을 만들어 봐요.

077 가엾다

공부한 날   월   일

🎧 음원 듣고 따라 말하기

가엾은 오리는 졸리기도 하고 눈물도 났어요.

뜻 마음이 아플 만큼 딱하고 불쌍하다.

📖 **어휘력 기르기**   이럴 때 사용해요.

비에 젖은 토끼는 무척 가엾은 모습이었어.

날개가 부러진 가엾은 새를 제가 돌봐도 될까요?

✏️ **문장 읽고 따라 쓰기**   낱말의 뜻을 생각하며 문장을 바르게 따라 써 봐요.

가엾은 오리는 졸리기도 하고 눈물도 났어요.

💡 **문장력 기르기**   낱말을 사용해 나만의 문장을 만들어 봐요.

078 거닐다

여우 한 마리가 큰 숲속을 거닐고 있었습니다.

뜻 천천히 이리저리 걷다.

📖 **어휘력 기르기** 이럴 때 사용해요.

나는 엄마와 정원을 거닐었다.

바닷가를 거닐면서 조개껍데기를 주웠어.

✏️ **문장 읽고 따라 쓰기** 낱말의 뜻을 생각하며 문장을 바르게 따라 써 봐요.

| 여 | 우 | | 한 | | 마 | 리 | 가 | | 큰 | | 숲 |
| 속 | 을 | | 거 | 닐 | 고 | | 있 | 었 | 습 | 니 | 다. |

💡 **문장력 기르기** 낱말을 사용해 나만의 문장을 만들어 봐요.

079

엄두

이삭은 감히 보물을 찾을 엄두도 내지 못했습니다.

뜻 어려운 일을 하려고 용감하게 나서려는 마음.

어휘력 기르기 이럴 때 사용해요.

준희의 그림을 보니 내 그림을 꺼낼 엄두가 나지 않았다.

너무 더워서 밖에 나갈 엄두가 안 난다.

문장 읽고 따라 쓰기 낱말의 뜻을 생각하며 문장을 바르게 따라 써 봐요.

이삭은 감히 보물을 찾을 엄두도 내지 못했습니다.

문장력 기르기 낱말을 사용해 나만의 문장을 만들어 봐요.

080

메우다

🎧 음원 듣고 따라 말하기

공부한 날   월   일

병사들과 경찰들이 거리를 가득 메우고 있었습니다.

뜻 비어 있는 곳을 채우다.

📖 **어휘력 기르기**   이럴 때 사용해요.

구덩이를 흙으로 메우자.

거리를 가득 메운 사람들이 보이니?

✏️ **문장 읽고 따라 쓰기**   낱말의 뜻을 생각하며 문장을 바르게 따라 써 봐요.

병	사	들	과		경	찰	들	이		거	리
를		가	득		메	우	고		있	었	습
니	다	.									

💡 **문장력 기르기**   낱말을 사용해 나만의 문장을 만들어 봐요.

 **어휘력 쑥쑥! 낱말 퀴즈**

문장에 알맞은 낱말을 골라 동그라미로 표시하고, 빈칸을 채워 문장을 완성해 보세요.

① 여행을 하기 위해 길을 [　　] 거예요.
　　(나서는 · 부수는)

② 비싼 선물을 살 [　] 를 내지 못했습니다.
　　(온도 · 엄두)

③ 현이는 자신의 과거를 [　　] 습니다.
　　(돌아보았 · 달아보았)

④ 사람들이 광장을 가득 [　] 있었습니다.
　　(메우고 · 미루고)

⑤ 아이들이 [　　] 뒷걸음질을 쳤어요.
　　(재잘재잘 · 슬금슬금)

어휘력 쑥쑥! 낱말 퀴즈

표지판의 뜻을 읽고, 알맞은 낱말을 찾아가며 미로를 풀어 보세요.

출발~

- 무르지 않고 굳다 → 대단하다 / 단단하다
- 깨지다 / 깨우다 ← 잠을 깨게 하다
- 천천히 이리저리 걷다 → 거닐다 / 거칠다
- 마음이 아플 만큼 딱하고 불쌍하다 → 가렵다 / 가엾다
- 엉뚱한 욕심이나 계획을 품다 → 엉큼하다 / 상큼하다

도착

자연이 좋아요

·자연과 환경·

자연은 우리에게 많은 선물을 줍니다. 햇살과 바람은 돈을 내지 않아도 마음껏 느낄 수 있고, 계절이 바뀔 때마다 꽃과 나무의 향기가 코끝을 스치지요. 공짜로 주어진 선물이라고 아끼지 않고 펑펑 쓰다 보니 소중한 자연이 망가지고 있어요. 그림책에 등장하는 아름다운 자연을 살펴보세요.

081

살그머니

공부한 날   월   일

🎧 음원 듣고 따라 말하기

눈송이가 살그머니 사라지면 또 하나 나풀나풀 흩날리지요.

뜻) 남이 모르게.

📖 **어휘력 기르기** 이럴 때 사용해요.

교실 문을 살그머니 열다.

우재와 승아는 살그머니 손을 잡았어요.

✏️ **문장 읽고 따라 쓰기** 낱말의 뜻을 생각하며 문장을 바르게 따라 써 봐요.

눈	송	이	가		살	그	머	니		사	라
지	면		또		하	나		나	풀	나	풀	V
흩	날	리	지	요	.

💡 **문장력 기르기** 낱말을 사용해 나만의 문장을 만들어 봐요.

082

모여들다

고양이들이 많이 모여들었어요.

뜻 여럿이 한곳으로 모이다.

📖 **어휘력 기르기** 이럴 때 사용해요.

마을 축제에 사람들이 모여들었다.

철새들이 겨울을 나려고 이곳으로 모여든대.

✏️ **문장 읽고 따라 쓰기** 낱말의 뜻을 생각하며 문장을 바르게 따라 써 봐요.

| 고 | 양 | 이 | 들 | 이 | | 많 | 이 | | 모 | 여 | 들 |
| 었 | 어 | 요 | . | | | | | | | | |

💡 **문장력 기르기** 낱말을 사용해 나만의 문장을 만들어 봐요.

083

소복소복

하얀 눈이 소복소복 내려요.

공부한 날   월   일

🎧 음원 듣고 따라 말하기

뜻 무엇이 볼록하게 쌓이거나 담기는 모양.

📖 **어휘력 기르기**   이럴 때 사용해요.

단풍잎이 소복소복 쌓여 있어요.

바구니에 과일이 소복소복 담겨 있다.

✏️ **문장 읽고 따라 쓰기**   낱말의 뜻을 생각하며 문장을 바르게 따라 써 봐요.

| 하 | 얀 | | 눈 | 이 | | 소 | 복 | 소 | 복 | | 내 |
| 려 | 요 | . | | | | | | | | | |

💡 **문장력 기르기**   낱말을 사용해 나만의 문장을 만들어 봐요.

084

재잘거리다

공부한 날　월　일

🎧 음원 듣고 따라 말하기

다람쥐도 나타나서, 나를 보고 재잘거렸습니다.

뜻 낮고 빠른 소리로 즐겁게 지껄이다.

📖 **어휘력 기르기**　이럴 때 사용해요.

아이들은 신이 나서 재잘거렸다.

숲에서 새들이 재잘거려요.

✏️ **문장 읽고 따라 쓰기**　낱말의 뜻을 생각하며 문장을 바르게 따라 써 봐요.

다람쥐도　나타나서, 나를
보고　재잘거렸습니다.

💡 **문장력 기르기**　낱말을 사용해 나만의 문장을 만들어 봐요.

085

돋아나다

공부한 날   월   일

음원 듣고 따라 말하기

여린 새잎들이 <u>돋아나고</u> 있었어요.

뜻 속에서 생긴 것이 겉으로 나타나다.

어휘력 기르기   이럴 때 사용해요.

바위틈에서 새싹이 <u>돋아납니다</u>.

꽃눈이 하나둘 <u>돋아나고</u> 있어요.

문장 읽고 따라 쓰기   낱말의 뜻을 생각하며 문장을 바르게 따라 써 봐요.

여린 새잎들이 돋아나고 ∨
있었어요.

문장력 기르기   낱말을 사용해 나만의 문장을 만들어 봐요.

086

합치다

공부한 날   월   일

🎧 음원 듣고 따라 말하기

안톤이랑 루카스가 힘을 합쳐도 안 돼.

뜻 여럿을 모아 하나가 되게 하다.

📖 **어휘력 기르기** 이럴 때 사용해요.

우리 모두 힘을 합쳐요.

용돈을 합치면 축구공을 살 수 있어!

✏️ **문장 읽고 따라 쓰기** 낱말의 뜻을 생각하며 문장을 바르게 따라 써 봐요.

|안|톤|이|랑| |루|카|스|가| |힘|을|V|
|합|쳐|도| |안| |돼|.| | | | | |

💡 **문장력 기르기** 낱말을 사용해 나만의 문장을 만들어 봐요.

087

새기다

공부한 날   월   일

🎧 음원 듣고 따라 말하기

가슴속 깊이 우리 마을을 새겨 두거라.

뜻) 잊지 않게 기억하다.

📖 **어휘력 기르기**　이럴 때 사용해요.

선생님 말씀을 마음에 새겨 두다.

이 비밀은 가슴속에 깊이 새겨 두어라.

✏️ **문장 읽고 따라 쓰기**　낱말의 뜻을 생각하며 문장을 바르게 따라 써 봐요.

| 가 | 슴 | 속 | | 깊 | 이 | | 우 | 리 | | 마 |
| 을 | 을 | | 새 | 겨 | | 두 | 거 | 라 | . | |

💡 **문장력 기르기**　낱말을 사용해 나만의 문장을 만들어 봐요.

088

틔우다

공부한 날   월   일

🎧 음원 듣고 따라 말하기

새싹을 <u>틔우려면</u> 물이 많이 필요하거든.

뜻) 싹이나 움을 트게 하다.

📖 **어휘력 기르기** 이럴 때 사용해요.

봄이 되자 개나리들이 싹을 <u>틔웁니다</u>.

파릇한 모가 잎을 <u>틔우며</u> 자라요.

✏️ **문장 읽고 따라 쓰기** 낱말의 뜻을 생각하며 문장을 바르게 따라 써 봐요.

| 새 | 싹 | 을 | | 틔 | 우 | 려 | 면 | | 물 | 이 |
| 많 | 이 | | 필 | 요 | 하 | 거 | 든 | . | | |

💡 **문장력 기르기** 낱말을 사용해 나만의 문장을 만들어 봐요.

115

089

이루다

나무는 숲을 이룬다.

뜻 어떤 큰 것을 세우거나 만들다.

📖 **어휘력 기르기**   이럴 때 사용해요.

작은 빗방울이 모여 내를 이뤄요.

그들은 화목한 가정을 이루었다.

✏️ **문장 읽고 따라 쓰기**   낱말의 뜻을 생각하며 문장을 바르게 따라 써 봐요.

나 무 는   숲 을   이 룬 다 .

💡 **문장력 기르기**   낱말을 사용해 나만의 문장을 만들어 봐요.

090

움트다

창가에선 화초가 움트고 있을 거야.

공부한 날   월   일

🎧 음원 듣고 따라 말하기

뜻) 나무나 풀에서 싹이 나기 시작하다.

📖 **어휘력 기르기** 이럴 때 사용해요.

꽃봉오리가 움트기 시작합니다.

새싹이 움트는 걸 보았니?

✏️ **문장 읽고 따라 쓰기** 낱말의 뜻을 생각하며 문장을 바르게 따라 써 봐요.

| 창 | 가 | 에 | 선 | | 화 | 초 | 가 | | 움 | 트 | 고 | V |
| 있 | 을 | | 거 | 야 | . | | | | | | | |

💡 **문장력 기르기** 낱말을 사용해 나만의 문장을 만들어 봐요.

091

개다

공부한 날   월   일

🎧 음원 듣고 따라 말하기

그쪽 마을은 날씨가 맑게 개었나요?

뜻) 날씨가 맑아지다.

📖 **어휘력 기르기**   이럴 때 사용해요.

날씨가 개면 기분도 좋아요.

운동회 날 아침, 날이 활짝 개었다.

✏️ **문장 읽고 따라 쓰기**   낱말의 뜻을 생각하며 문장을 바르게 따라 써 봐요.

| 그 | 쪽 | | 마 | 을 | 은 | | 날 | 씨 | 가 | | 맑 |
| 게 | | 개 | 었 | 나 | 요 | ? | | | | | |

💡 **문장력 기르기**   낱말을 사용해 나만의 문장을 만들어 봐요.

092

이르다

공부한 날   월   일

🎧 음원 듣고 따라 말하기

우리는 놀이를 하고, 음식을 먹을 수 있는 곳에 이르렀습니다.

뜻) 어떤 장소나 시간에 닿다.

📖 **어휘력 기르기**   이럴 때 사용해요.

어느새 산꼭대기에 이르렀다.

밤 열두 시에 이르러서야 집에 돌아왔다.

✏️ **문장 읽고 따라 쓰기**   낱말의 뜻을 생각하며 문장을 바르게 따라 써 봐요.

우	리	는		놀	이	를		하	고	,		음
식	을		먹	을		수		있	는		곳
에		이	르	렀	습	니	다	.				

💡 **문장력 기르기**   낱말을 사용해 나만의 문장을 만들어 봐요.

 **어휘력 쑥쑥! 낱말 퀴즈**

그림과 어울리는 낱말을 골라 동그라미로 표시해 보세요.

①	돋아나다 : 돌아가다
②	뒤뚱뒤뚱 : 소복소복
③	외치다 : 재잘거리다
④	흩어지다 : 모여들다
⑤	개다 : 찌푸리다

어휘력 쑥쑥! 낱말 퀴즈

초성 힌트를 보고 빈칸에 들어갈 낱말을 바르게 써 보세요.

1. ㅎㅊ 수수께끼를 풀려면 모두의 힘을 합쳐 야 해.

2. ㅅㄱ 이 문장을 마음에 ☐☐ 두었어.

3. ㅅㄱㅁㄴ 방에서 ☐☐☐☐ 나오다.

4. ㅇㄹ 드디어 목적지에 ☐☐ 렀습니다.

5. ㅇㅌ 잎사귀가 ☐☐ 는 것을 보았니?

더불어 살아요

· 사회와 공동체 ·

사람들은 서로 도우며 살아요. 외딴섬에 혼자 산다면 우린 참 외로울 거예요. 우리 가족과 가까이 사는 사람들을 이웃이라 불러요. 이웃들이 모여 마을을 이루고, 마을이 모여 고장이나 도시가 되어요. 여러 고장이 모이면 나라가 됩니다. 우리 모두를 단단하게 묶어 주는 낱말들을 그림책 속에서 읽고 따라 써 보세요.

093

용감하다

공부한 날   월   일

🎧 음원 듣고 따라 말하기

크릭터는 이 용감한 행동으로 멋진 훈장을 받았지.

뜻 씩씩하고 겁이 없다.

📖 **어휘력 기르기**   이럴 때 사용해요.

민혁이는 용감한 사람이 되고 싶었어.

나도 언젠가 용감해질 수 있을까?

✏️ **문장 읽고 따라 쓰기**   낱말의 뜻을 생각하며 문장을 바르게 따라 써 봐요.

크	릭	터	는		이		용	감	한		행
동	으	로			멋	진		훈	장	을		받
았	지	.										

💡 **문장력 기르기**   낱말을 사용해 나만의 문장을 만들어 봐요.

094

둥둥

공부한 날   월   일

🎧 음원 듣고 따라 말하기

의자는 바다 위를 건너 둥둥 날아갔어요.

뜻 공중이나 물 위에 떠서 움직이는 모양.

📖 **어휘력 기르기**   이럴 때 사용해요.

오리 배가 호수 위에 둥둥 떠다니네.

하늘 위에 둥둥 떠오른 구름들을 봐.

✏️ **문장 읽고 따라 쓰기**   낱말의 뜻을 생각하며 문장을 바르게 따라 써 봐요.

의	자	는		바	다		위	를		건	너	V
둥	둥		날	아	갔	어	요	.				

💡 **문장력 기르기**   낱말을 사용해 나만의 문장을 만들어 봐요.

095 데려가다

공부한 날   월   일

🎧 음원 듣고 따라 말하기

친구를 <u>데려가고</u> 싶은데 괜찮을까요?

뜻) 누군가를 자기와 함께 가게 하다.

📖 **어휘력 기르기**   이럴 때 사용해요.

왕의 생일 파티에 누구를 데려갈까?

위험한 곳에 아기를 데려가면 안 됩니다.

✏️ **문장 읽고 따라 쓰기**   낱말의 뜻을 생각하며 문장을 바르게 따라 써 봐요.

친	구	를		데	려	가	고		싶	은	데	V
괜	찮	을	까	요	?							

💡 **문장력 기르기**   낱말을 사용해 나만의 문장을 만들어 봐요.

096 허전하다

공부한 날   월   일

음원 듣고 따라 말하기

하루 종일 무엇을 해도 자오디의 마음은 허전했어요.

뜻 무엇이 없어져서 매우 서운하고 쓸쓸하다.

📖 **어휘력 기르기**   이럴 때 사용해요.

허전한 마음에 밥도 잘 넘어가지 않았어.

단짝 친구가 전학을 가서 무척 허전했습니다.

✏️ **문장 읽고 따라 쓰기**   낱말의 뜻을 생각하며 문장을 바르게 따라 써 봐요.

하	루		종	일		무	엇	을		해	도
자	오	디	의		마	음	은		허	전	했
어	요	.									

💡 **문장력 기르기**   낱말을 사용해 나만의 문장을 만들어 봐요.

097

헐떡거리다

공부한 날   월   일

🎧 음원 듣고 따라 말하기

사람들이 헐떡거리면서 물었어요.

뜻 거칠고 가쁘게 숨을 쉬다.

📖 **어휘력 기르기**   이럴 때 사용해요.

현수는 헐떡거리며 달려왔다.

운동장을 몇 바퀴 돌자 숨이 차서 헐떡거렸다.

✏️ **문장 읽고 따라 쓰기**   낱말의 뜻을 생각하며 문장을 바르게 따라 써 봐요.

사	람	들	이		헐	떡	거	리	면	서
물	었	어	요	.						

💡 **문장력 기르기**   낱말을 사용해 나만의 문장을 만들어 봐요.

098 알아채다

교과서 수록

공부한 날   월   일

🎧 음원 듣고 따라 말하기

이제 아무도 거기에 작은 집이 있었다는 것을 알아채지 못했습니다.

뜻) 낌새를 미리 알다.

📖 **어휘력 기르기**   이럴 때 사용해요.

이제야 알아챈 거야?

동생은 엄마가 화나신 걸 알아채지 못했다.

✏️ **문장 읽고 따라 쓰기**   낱말의 뜻을 생각하며 문장을 바르게 따라 써 봐요.

이	제		아	무	도		거	기	에		작
은		집	이		있	었	다	는		것	을 V
알	아	채	지		못	했	습	니	다	.	

💡 **문장력 기르기**   낱말을 사용해 나만의 문장을 만들어 봐요.

099

한데

우리 모두 한데 모여서 헤엄치는 거야.

뜻 한곳이나 한군데.

📖 **어휘력 기르기** 이럴 때 사용해요.

낙엽은 한데 모아 두는 게 좋겠어.

추위를 느낀 소들은 한데 모여 있었습니다.

✏️ **문장 읽고 따라 쓰기** 낱말의 뜻을 생각하며 문장을 바르게 따라 써 봐요.

우리 모두 한데 모여서
헤엄치는 거야.

💡 **문장력 기르기** 낱말을 사용해 나만의 문장을 만들어 봐요.

100 실례하다

잠깐 **실례해도** 될까요?

뜻) 예의에 벗어난 말이나 행동을 하다.

📖 **어휘력 기르기** 이럴 때 사용해요.

선생님께 실례한 것 같아요.

실례합니다, 여기 누구 계십니까?

✏️ **문장 읽고 따라 쓰기** 낱말의 뜻을 생각하며 문장을 바르게 따라 써 봐요.

| 잠 | 깐 | | 실 | 례 | 해 | 도 | | 될 | 까 | 요 | ? |

💡 **문장력 기르기** 낱말을 사용해 나만의 문장을 만들어 봐요.

 **어휘력 쑥쑥! 낱말 퀴즈**

낱말의 알맞은 뜻풀이를 찾아 선으로 연결해 보세요.

한데	낌새를 미리 알다
허전하다	무엇이 없어져서 매우 서운하고 쓸쓸하다
알아채다	예의에 벗어난 말이나 행동을 하다
실례하다	한곳이나 한군데

어휘력 쑥쑥! 낱말 퀴즈

시우의 일기를 읽고, 빈칸에 들어갈 알맞은 표현을 〈보기〉에서 골라 써 보세요.

보기 둥둥   헐떡거리   용감한   데려가

2020년 ○월 ○○일   날씨: 해님 쨍쨍

오늘은 물놀이 가는 날!
이모가 수영장에 [데려가] 준다고 약속한 날이다.

이모와 몸풀기 체조를 하고 발부터 천천히 물에 담갔다.
고무 튜브를 끼고 물 위에 [둥둥] 뜨니 신이 났다.

한참 놀고 있는데, 옆에서 한 아이가 물에 빠져
[헐떡거리]고 있었다!
구조대원 아저씨가 바로 그 아이를 구하러 오셨다.

나도 수영을 열심히 배워서
아저씨처럼 멋지고 [용감한] 사람이 되고 싶다.

낱말 퀴즈 정답

1 마음을 나눠요

- ① 오늘부터 **사이좋게** 잘 지내자!
- ② 걱정 마, 내가 고양이를 잘 **보살필** 게.
- ③ 아무도 **눈치채지** 못하게 살금살금 걸어.
- ④ 잠자코 앉아서 **곰곰이** 생각해 보렴.
- ⑤ 모두가 손가락질하며 생쥐를 **비웃었** 습니다.
- ⑥ 만나면 **상냥하게** 웃으며 인사해요.

2 날마다 자라요

3 모험을 떠나요

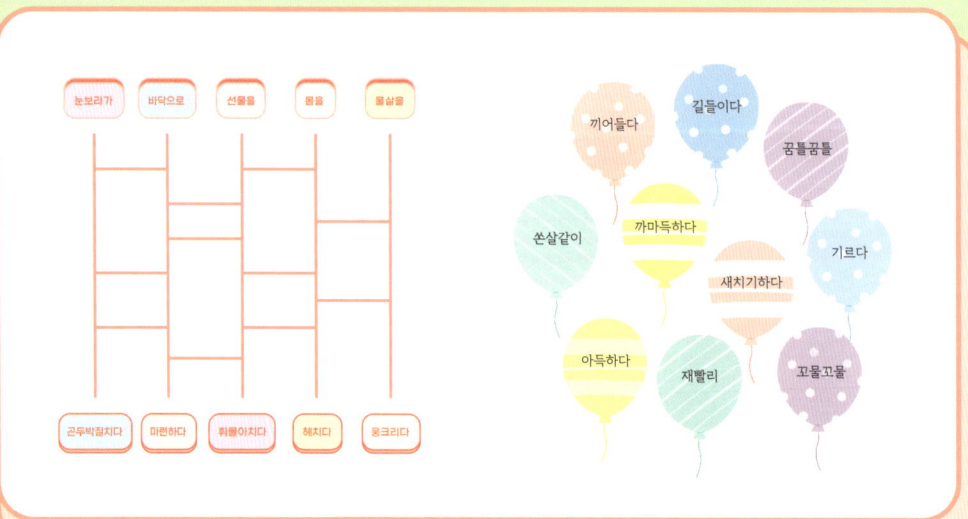

4 지혜를 배워요

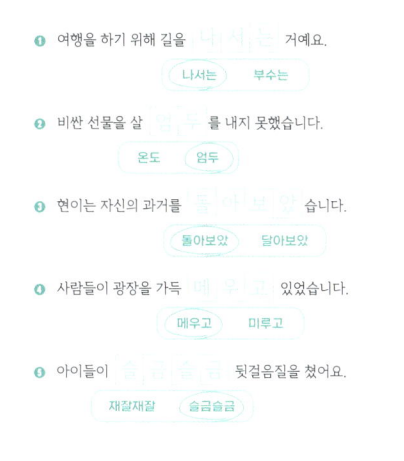

5 자연이 좋아요

6 더불어 살아요

퀴즈도 풀었으니
그림책도 직접 읽어 볼까?

그림책 목록

001 덱스터와 배고픈 괴물　조엘 스튜어트
002 찬성!　미야니시 타츠야
003 우리 할머니가 이상해요　울프 닐손, 에바 에릭손
004 아기 오리들한테 길을 비켜 주세요　로버트 머클로스키
005 큰 늑대 작은 늑대　나딘 브룅코슴, 올리비에 탈레크
006 토끼 아저씨와 멋진 선물　샬롯 졸로토, 모리스 샌닥
007 할머니가 남긴 선물　마거릿 와일드, 론 브룩스
008 찰리가 온 첫날 밤　에이미 헤스트, 헬린 옥슨버리
009 마들린느와 쥬네비브　루드비히 베멀먼즈
010 씩씩한 마들린느　루드비히 베멀먼즈
011 앤디와 사자　제임스 도허티
012 아빠 해마 이야기　에릭 칼
013 잃어버린 동생을 찾아서　모리스 샌닥
014 이사벨의 방　사라 스튜어트, 데이비드 스몰
015 피터의 의자　에즈라 잭 키츠
016 오빠와 나는 영원한 맞수　패트리샤 폴라코
017 큰 고양이, 작은 고양이　엘리샤 쿠퍼
018 내 뼈다귀야!　윌리엄 립카인드, 니콜라스 모르드비노프
019 작은 토끼 마시멜로　클레어 터레이 뉴베리
020 친구랑 싸웠어!　시바타 아이코, 이토 히데오
021 알도　존 버닝햄
022 행복한 사자　루이제 파쇼, 로저 뒤봐젱
023 빨간 머리 우리 오빠　패트리샤 폴라코
024 리디아의 정원　사라 스튜어트, 데이비드 스몰
025 엄마의 의자　베라 B. 윌리엄스
026 무지개 물고기야, 엄마가 지켜 줄게　마르쿠스 피스터
027 프레드릭　레오 리오니
028 매튜의 꿈　레오 리오니
029 샘과 데이브가 땅을 팠어요　맥 바넷, 존 클라센
030 주머니 밖으로 폴짝!　데이비드 에즈라 스테인
031 알렉산더와 장난감 쥐　레오 리오니
032 부엉이와 보름달　제인 욜런, 존 쇤헤르
033 오틸라와 해골　존 클라센
034 아트와 맥스　데이비드 위즈너
035 미스 럼피우스　바버러 쿠니
036 자기만의 색　레오 리오니
037 흰 고양이 검은 고양이　기쿠치 치키
038 당나귀 덩키덩키　로저 뒤봐젱
039 무지개 물고기　마르쿠스 피스터
040 갈릴레오 갈릴레이　피터 시스
041 세 강도　토미 웅게러
042 그레이스는 놀라워!　메리 호프만, 캐롤라인 빈치
043 세상에서 가장 아름다운 달걀　헬메 하이네
044 도서관　사라 스튜어트, 데이비드 스몰
045 화물 열차　도널드 크루즈
046 메리 크리스마스, 늑대 아저씨　미야니시 타츠야
047 커다란 것을 좋아하는 임금님　안노 미쓰마사
048 휘파람을 불어요　에즈라 잭 키츠
049 비밀 파티　존 버닝햄
050 내 모자 어디 갔을까?　존 클라센
051 아주아주 배고픈 애벌레　에릭 칼

052 이건 내 모자가 아니야   존 클라센

053 아주아주 특별한 집   루스 크라우스, 모리스 샌닥

054 이제 우리가 꿈꿀 시간   티머시 냅맨, 헬린 옥슨버리

055 아빠, 더 읽어 주세요   데이비드 에즈라 스테인

056 앵무새 열 마리   퀸틴 블레이크

057 힐드리드 할머니와 밤   첼리 두란 라이언

058 백만 마리 고양이   완다 가그

059 깊은 밤 부엌에서   모리스 샌닥

060 왜냐면 말이지…   맥 바넷, 이자벨 아르스노

061 검피 아저씨의 뱃놀이   존 버닝햄

062 곰 사냥을 떠나자   마이클 로젠, 헬린 옥슨버리

063 바람이 불었어   팻 허친즈

064 외톨이가 된 꼬마 팀   에드워드 아디존

065 마법 침대   존 버닝햄

066 필킨스의 사막 여행   퀸틴 블레이크

067 크리스마스 선물   존 버닝햄

068 괴물들이 사는 나라   모리스 샌닥

069 커다란 순무   알릭셰이 톨스토이, 헬린 옥슨버리

070 어리석은 판사   하브 제마크, 마고 제마크

071 비밀의 방   유리 슐레비츠

072 아기 늑대 세 마리와 못된 돼지   유진 트리비자스, 헬린 옥슨버리

073 아침 해를 구한 용감한 수탉   아놀드 로벨, 애니타 로벨

074 정글 파티   브라이언 와일드스미스

075 늑대와 오리와 생쥐   맥 바넷, 존 클라센

076 일곱 마리 눈먼 생쥐   에드 영

077 옛날에 오리 한 마리가 살았는데   마틴 워델, 헬린 옥슨버리

078 꼬리를 돌려 주세요   노니 호그로지안

079 보물   유리 슐레비츠

080 모자   토미 웅게러

081 눈이 내리면   유리 슐레비츠

082 오늘은 하늘에 둥근 달   아라이 료지

083 모두 행복한 날   루스 크라우스, 마르크 시몽

084 나랑 같이 놀자   마리 홀 에츠

085 아기 곰과 나뭇잎   데이비드 에즈라 스테인

086 나뭇잎이 달아나요   올레 쾨네케

087 강물이 흘러가도록   제인 욜런, 바버러 쿠니

088 바쁜 열두 달   레오 리오니

089 나무는 좋다   재니스 메이 우드리, 마르크 시몽

090 비 오는 날   유리 슐레비츠

091 아침에 창문을 열면   아라이 료지

092 숲속에서   마리 홀 에츠

093 크릭터   토미 웅게러

094 작은 파란 의자   케리 페이건, 매들린 크뢰퍼

095 친구를 데려가도 될까요?   베아트리체 셍크 드 레그니에스, 베니 몽트레소

096 초롱을 켜요   왕야거, 주청량

097 우리들의 특별한 버스   밥 그레이엄

098 작은 집 이야기   버지니아 리 버튼

099 헤엄이   레오 리오니

100 뭐라고 말해야 할까요?   세실 조슬린, 모리스 샌닥

나만의 한 문장 쓰기 노트

제목 완벽하지 않아도 괜찮아   **별점** ☆☆☆☆☆

작가 서지윤   **읽은 날**   월   일

☀ 기억에 남는 장면을 그려 봐요.

☀ 따라 쓰고 싶은 한 문장을 써 봐요.

네 모습이 어떻든 나에게 너는 가장 소중한 의자란다.

☀ 문장 속 낱말을 넣어 나만의 문장을 만들어 봐요.

이 인형은 무엇보다 소중해.

나만의 한 문장 쓰기 노트

제목 .... **별점** ☆☆☆☆☆

작가 .... **읽은 날**   월   일

☀ 기억에 남는 장면을 그려 봐요.

☀ 따라 쓰고 싶은 한 문장을 써 봐요.

☀ 문장 속 낱말을 넣어 나만의 문장을 만들어 봐요.

나만의 한 문장 쓰기 노트

제목 .... **별점** ☆☆☆☆☆

작가 .... **읽은 날** .... 월 .... 일

☀ 기억에 남는 장면을 그려 봐요.

☀ 따라 쓰고 싶은 한 문장을 써 봐요.

☀ 문장 속 낱말을 넣어 나만의 문장을 만들어 봐요.

나만의 한 문장 쓰기 노트

제목 .... **별점** ☆ ☆ ☆ ☆ ☆

작가 .... **읽은 날** 월   일

☀ 기억에 남는 장면을 그려 봐요.

☀ 따라 쓰고 싶은 한 문장을 써 봐요.

☀ 문장 속 낱말을 넣어 나만의 문장을 만들어 봐요.

나만의 한 문장 쓰기 노트

제목 .... **별점** ☆☆☆☆☆

작가 .... **읽은 날**   월   일

☀ 기억에 남는 장면을 그려 봐요.

☀ 따라 쓰고 싶은 한 문장을 써 봐요.

☀ 문장 속 낱말을 넣어 나만의 문장을 만들어 봐요.

나만의 한 문장 쓰기 노트

제목 .... **별점** ☆☆☆☆☆

작가 .... **읽은 날**   월   일

☀ 기억에 남는 장면을 그려 봐요.

☀ 따라 쓰고 싶은 한 문장을 써 봐요.

☀ 문장 속 낱말을 넣어 나만의 문장을 만들어 봐요.

그림책 한 문장 따라 쓰기 100

초판 1쇄 발행일 2023년 12월 30일 **초판 4쇄 발행일** 2025년 5월 15일

지음 김여진 **그림** 김씨씨

발행인 조윤성 **편집** 이지혜, 이현지 **디자인** 정은경 **마케팅** 이아연
발행처 ㈜SIGONGSA **주소** 서울시 성동구 광나루로 172 린하우스 4층(우편번호 04791)
대표전화 02-3486-6877 **팩스(주문)** 02-598-4245 **홈페이지** www.sigongsa.com / www.sigongjunior.com

지음 ⓒ 김여진, 2023   그림 ⓒ 김씨씨, 2023

이 책의 출판권은 ㈜SIGONGSA에 있습니다. 저작권법에 의해
한국 내에서 보호받는 저작물이므로 무단 전재와 무단 복제를 금합니다.

ISBN 979-11-7125-299-2 73700

*SIGONGSA는 시공간을 넘는 무한한 콘텐츠 세상을 만듭니다.
*SIGONGSA는 더 나은 내일을 함께 만들 여러분의 소중한 의견을 기다립니다.
*잘못 만들어진 책은 구입하신 곳에서 바꾸어 드립니다.

 KC마크는 이 제품이 공통안전기준에 적합하였음을 의미합니다.
제조국 : 대한민국   사용 연령 : 3세 이상
책장에 손이 베이지 않게, 모서리에 다치지 않게 주의하세요.

WEPUB 원스톱 출판 투고 플랫폼 '위펍' __wepub.kr
위펍은 다양한 콘텐츠 발굴과 확장의 기회를 높여주는
SIGONGSA의 출판IP 투고·매칭 플랫폼입니다.

SIGONGJUNIOR 도서목록을 만나 보세요.